처음이세요?

전문가세요?

생성형 AI 콘텐츠 전략

박민서

대한민국, 서울, 커뮤니케이션북스, 2026

생성형 AI 콘텐츠 전략

지은이 박민서
펴낸이 박영률

초판 1쇄 펴낸날 2026년 1월 14일

커뮤니케이션북스(주)
출판 등록 2007년 8월 17일 제313-2007-000166호
02880 서울시 성북구 성북로 5-11
전화(02) 7474 001, 팩스(02) 736 5047
commbooks@commbooks.com
www.commbooks.com

ISBN 979-11-430-1647-8 03500

책값은 뒤표지에 표시되어 있습니다.

차례

생성형 AI 콘텐츠 전략의 새로운 전환점 xi

01 AI 저널리즘의 현재와 미래 1

02 콘텐츠 기획 패러다임의 전환 13

03 생성형 AI 영상 제작 전략 21

04 멀티모달 스토리텔링 29

05 창작 윤리와 저작권 쟁점 41

06 비즈니스 모델 혁신 51

07 AI 콘텐츠 창업 전략 61

08 사회·문화적 파급 효과 71

09 글로벌 경쟁 구도와 한국의 대응 83

10 지속 가능한 AI 콘텐츠 전략 95

생성형 AI, 콘텐츠 전략의 새로운 전환점

인공지능을 둘러싼 오해와 기대

인공지능(artificial intelligence, AI)은 태생부터 과도한 기대와 불필요한 불안을 동시에 불러왔다. 20세기 중반 컴퓨터 과학이 발전하면서 인공지능이란 용어가 등장했을 때, 많은 이들은 곧 인간을 닮은 기계가 탄생할 것이라고 상상했다. 그러나 실제 연구자들은 주어진 문제를 해결하는 알고리즘, 즉 합리적으로 행동하는 기계를 설계하는 데 초점을 맞춰 왔다(Russell & Norvig, 1995). 이 괴리에서 수많은 오해와 과장이 발생했으며, 대중 담론은 언제나 기대와 불안이 교차하는 긴장 속에서 움직여 왔다.

인지과학자 더글러스 호프스태터(Hofstadter, 1980)는 "AI는 아직 성공하지 않은 것을 뜻한다"고 지적했다. 그의 말처럼 인공지능은 언제나 '미래 기술'로 남아 있으며, 일단 일상화되면 더 이상 AI로 불리지 않는다. 1990년대 내비게이션 경로 탐색이나 2010년대 텍스트 음성 변환 기술은 개발 초기에는 인공지능 연구의 핵심 성과로 여겨졌지만, 오늘날에는 단순한 정보기술 서비스로 간주된다. 이러한 현상은 인공지능을 항상 아직 구현되지 않은 것, 인간이 도달하지 못한 영역으로만 바라보는 경향을 잘 보여 준다.

앨런 튜링은 1950년 "계산 기계와 지능(Computing Machinery and Intelligence)"에서 "기계가 생각할 수 있는가"라는 질문에 답하기 위해 이른바 튜링 테스트를 제안했다(Turing, 1950). 인간이 보이지 않는 상대와 대화를 나누었을 때, 그 상대가 인간인지 컴퓨터인지 구분할 수 없다면 컴퓨터를 지능적이라 부를 수 있다는 것이다. 그러나 1990년대 중반 패트릭 헤이즈와 케네스 포드(Hayes & Ford, 1995)는 튜링 테스트를 절대적 목표로 삼는 것은 인공지능 발전을 저해한다고 주장했다. 그들은 새처럼 날개를 퍼덕여야만 비행이라고 정의한다면, 인류는 비행기를 발명하지 못했을 것이라고 비유했다. 즉 인간을 모방하는 것이 아니라 문제 해결 능력 자체에 집중해야 한다는 것이다.

대중문화는 오해를 더욱 강화해 왔다. 영화 〈터미네이터〉, 〈아이, 로봇〉은 인공지능을 자율적으로 사고하며 인간을 지배하거나 위협하는 존재로 그렸다. 이러한 이미지들은 사회적 불안을 키웠지만 동시에 막대한 관심과 투자를 불러왔다. 2016년 알파고가 바둑 기사 이세돌을 이긴 사건은 대표적 사례다(Silver et al., 2016). 대중은 이를 두고 "AI가 인간을 넘어섰다"고 해석했으나, 실제로는 특정 영역에서 강화 학습과 딥러닝이 결합된 특수한 성과였다. 그럼에도 불구하고 이 사건은 전 세계적인 관심을 촉발하며 AI 연구와 투자의 폭발적 증가로 이어졌다.

AI 도입 과정에서 나타나는 오해는 산업 현장에서도 확인된다. 조선업에서 생산 일정을 자동화하려는 시도가 대표적이다. 1990년대 중반 선박 생산 계획을 합리화하기 위해 개발된 스케줄링 시스템은 기존의 주먹구구식 방식을 대체하며 생산성을 높였다. 건설업에서도 사례 기반 추론과 제약 조건 기반 알고리즘을 결합한 공정표 자동 생성 시스템이 도입되었다. 그러나 초기에는 현장 근로자들이 강한 반감을 보였다. 인공지능이 자신들의 일자리를 빼앗을 것이라는 두려움 때문이었다. 실제로는 인공지능이 업무를 없애는 것이 아니라 효율성을 높이고 의사 결정을 지원하는 역할을 했음에도 불구하고, 오해가 수용성을 저해한 것이다.

생성형 AI가 부상하면서 새로운 형태의 오해도 나타났다. 챗지피티(ChatGPT), 미드저니(Midjourney), 소라

(Sora)와 같은 도구들은 텍스트, 이미지, 영상을 손쉽게 만들어 내면서 마치 인간의 창작성을 대체하는 것처럼 보인다. 그러나 이러한 모델은 대규모 데이터 학습을 기반으로 확률적으로 출력을 생성하는 체계일 뿐 자율적 창작 의도를 가진 주체가 아니다(Bender et al., 2021). 결과물이 충분히 창의적으로 보일 수 있지만, 이는 인간의 프롬프트 설계와 데이터 구조의 한계 내에서 나온 산물이다. 따라서 생성형 AI는 창작의 동반자이자 효율화 도구이지, 인간을 대체하는 존재로 이해해서는 안 된다.

그렇다고 해서 기대가 무의미한 것은 아니다. AI를 둘러싼 사회적 기대는 자본과 인력을 끌어들이며 기술 발전의 촉매가 되었다. 알파고 이후 강화 학습과 딥러닝은 비약적인 관심을 받았고, 다양한 분야에서 응용 연구가 촉진되었다. 하지만 기대가 과도하면 환상에 그치고, 실망은 'AI 겨울(AI winter)'로 이어질 수 있다. 따라서 오해와 기대를 균형 있게 다루며, 합리적 에이전트라는 관점에서 인공지능을 바라보는 것이 필요하다. 목표와 제약 조건 속에서 최적의 결과를 도출하는 행동하는 기계로 이해할 때, 우리는 인공지능의 실제 가치를 올바르게 평가하고 전략적으로 활용할 수 있을 것이다.

콘텐츠 산업의 격변

콘텐츠 산업은 지금 생성형 인공지능의 급격한 도입으로 인해 근본적인 격변을 경험하고 있다. 과거에도 기술 혁신은 영상, 음악, 이미지, 저널리즘 등 다양한 영역의 변화를 이끌었지만, 오늘날의 생성형 인공지능은 콘텐츠의 제작 과정 그 자체를 자동화하거나 변형시키는 데까지 영향을 미치고 있다는 점에서 전례가 없다.

영상 산업에서 가장 두드러진 변화는 텍스트-투-비디오 기술의 상용화다. 오픈에이아이(OpenAI)가 2024년 발표한 소라(Sora)는 짧은 프롬프트만으로 사실적인 동영상을 만들어 낼 수 있는 모델로, 기존의 이미지 생성 모델에서 진일보한 사례다(OpenAI, 2024). 중국 바이트댄스 연구팀이 공개한 클링(Kling) 역시 고해상도 영상과 인물 동작의 일관성을 유지하는 데 초점을 맞추었다(ByteDance Research, 2024). 이미 2023년 런웨이(Runway)는 Gen-2 모델을 통해 광고, 뮤직비디오, SNS 콘텐츠 제작 현장에서 사용되고 있으며(Runway, 2023), 이들 도구는 프리프로덕션 단계에서 스토리보드 제작과 콘셉트 시각화를 획기적으로 단축시키고 있다. 그러나 이 과정에서 저작권 침해, 물리 법칙 왜곡, 인물 동일성 유지 실패 같은 문제가 발생한다는 점도 여러 연구에서 지적되고 있다(Cascone, 2023; Vincent, 2024).

음악 산업 역시 생성형 인공지능의 직접적인 영향을 받고 있다. 대표적으로 수노(Suno) AI와 유디오(Udio)는 대화형 인터페이스를 통해 특정 장르, 분위기, 악기 구성을 지시하면 즉시 음악을 만들어 낸다(Suno, 2023; Udio, 2024). 이는 유튜브 크리에이터, 광고 제작자, 게임 개발자들에게 매력적인 대안이 되고 있다. 그러나 최근 미국 음반산업협회(RIAA, 2023)는 생성형 음악이 기존 음원의 저작권을 침해할 가능성이 크다고 경고했다. 실제로 드레이크(Drake)와 위켄드(The Weeknd)의 목소리를 모방한 AI 생성곡이 스트리밍 플랫폼에 올라와 화제가 되었으나, 곧 저작권 문제로 삭제된 사건은 음악 산업이 직면한 새로운 갈등을 보여 준다. 학자들 역시 음악 분야에서 AI가 저작권 체계와 창작자 권리를 어떻게 재편할지 면밀히 분석하고 있다(Erickson, 2023).

이미지 분야에서는 미드저니(Midjourney)와 스테이블 디퓨전(Stable Diffusion)이 가장 대표적인 도구로 자리 잡았다. 미드저니는 예술적 이미지 창작에서 강점을 보이고 있으며, 스테이블 디퓨전은 오픈소스 기반으로 상업적 활용이 활발하다(Rombach et al., 2022). 광고 업계에서는 짧은 시간 안에 수십 개의 콘셉트 이미지를 도출해내는 방식으로 작업 흐름을 재구성하고 있다. 그러나 동시에 데이터 편향과 저작권 문제가 끊임없이 제기되고 있다. 게티 이미지(Getty Images)는 2023년 스태빌리티(Stability) AI를 상대로 자사의 이미지 데이터를 무단 학습에 사용했다며 소송을 제기했는데(Munroe, 2023), 이는 이미지 생성 AI가 법적·윤리적 문제를 피해갈 수 없음을 단적으로 보여 준다.

저널리즘 영역에서도 생성형 인공지능은 새로운 논쟁을 불러왔다. 미국의 AP 통신(Associated Press)은 이미 2014년부터 자동 기사 작성 시스템을 도입했으며, 최근에는 대형 언어 모델을 활용해 기사 초안을 작성하는 실험을 하고 있다(AP, 2023). 영국방송공사(BBC), 가디언 같은 언론사들도 인공지능 활용 가이드라인을 공개하며 신뢰성 확보를 위한 방안을 모색하고 있다(BBC, 2023). 한국 언론계에서도 생성형 AI의 활용은 확대되고 있는데, 최근 한국언론진흥재단 보고서는 AI 활용 저널리즘이 사실 검증, 저작권 표기, 책임 소재 분배에서 뚜렷한 기준을 요구한다고 지적했다(한국언론진흥재단, 2023). 학문적으로는 칼슨과 루이스(Karlsson and Lewis, 2020)가 AI 저널리즘의 자동화가 언론인의 전문성과 사회적 신뢰를 어떻게 변화시키는지를 분석했으며, 디아코풀로스(Diakopoulos, 2019)는 알고리즘 저널리즘이 공공성 담론을 어떻게 재편하는지를 심층적으로 논의했다.

OTT 플랫폼과 스트리밍 산업도 예외가 아니다. 넷플릭스는 추천 알고리즘을 고도화해 이용자 맞춤형 콘텐츠 제공을 강화해 왔으며(Gómez-Uribe & Hunt, 2016), 최근에는 생성형 AI를 예고편 제작과 마케팅 카피 작성에 활용하고 있다. 디즈니는 시각 효과(VFX) 제작에서 딥러닝 모델을 접목해 제작 효율성을 높이고 있다(Vavilala & Meyer, 2020). 한국에서도 웨이브, 티빙과 같은 OTT 기업들이 생성형 AI를 활용해 자막 자동 생성, 콘텐츠 큐레이션을 개선하는 실험을 하고 있다. 이처럼 생성형 인공지능은 유통 단계에서의 개인화 전략과 제작 단계에서의 자동화를 동시에 이끌며 OTT 산업의 경쟁 구도를 바꾸고 있다.

이러한 변화는 기술적 차원에 머무르지 않고 사회적 · 경제적 파급으로 확산된다. 콘텐츠 제작자들은 효율성을 얻지만, 동시에 저작권 분쟁 리스크와 창작자 정체성의 위기를 감수해야 한다. 정책적으로도 AI 기본법, 유럽연합의 AI Act 등은 콘텐츠 산업에서 AI의 활용 범위와 책임을 규정하는 중요한 법적 장치가 되고 있다(High-Level Expert Group on Artificial Intelligence,

2019). 연구자들은 AI가 콘텐츠 생태계에서 노동 구조를 어떻게 바꾸고, 소비자와 창작자 간의 권력 균형을 어떻게 재편할지 면밀히 분석하고 있다(Andrejevic, 2020; Napoli, 2019).

결국 콘텐츠 산업의 격변은 단순히 새로운 도구의 등장으로만 설명되지 않는다. 생성형 인공지능은 창작, 유통, 소비, 규제의 모든 단계에서 동시다발적 변화를 촉발하고 있다. 중요한 것은 이 변화가 어떤 윤리적 기준, 법적 제도, 전략적 기획과 결합하느냐에 따라 기회가 될 수도 있고 위기가 될 수도 있다는 점이다. 따라서 연구자와 실무자, 정책 입안자, 소비자 모두가 이 변화를 주의 깊게 관찰하고 책임 있게 대응할 필요가 있다.

전략적 사고의 필요성

생성형 인공지능이 콘텐츠 산업에 본격적으로 도입되면서 가장 필요한 역량은 단순한 도구 사용법이 아니라 전략적 사고다. 전략적 사고란 특정 기술을 무비판적으로 받아들이는 것이 아니라, 그 기술을 어떤 맥락에서, 어떤 목적을 위해, 어떤 방식으로 활용해야 하는지를 체계적으로 설계하는 사고 과정을 뜻한다. 콘텐츠 산업의 특성상 새로운 기술은 언제나 빠르게 등장하고 사라진다. 따라서 생성형 인공지능을 활용하는 데서 중요한 것은 개별 툴의 최신 기능을 습득하는 능력이 아니라, 그것을 장기적인 목표와 연결하여 조직, 산업, 사회 전체의 맥락에서 의미 있게 적용하는 능력이다(Porter, 1996).

전략적 사고의 필요성을 가장 분명하게 보여 주는 사례는 프리프로덕션 단계다. 영상 산업에서 기획자는 스토리보드, 콘셉트 아트, 캐릭터 디자인 등을 빠르게 검증할 수 있는 수단을 필요로 한다. 미드저니나 스테이블 디퓨전 같은 이미지 생성 모델은 이러한 작업에 혁신적 도구가 될 수 있다(Rombach et al., 2022). 하지만 단순히 이미지를 얻는 데서 그치는 것이 아니라, 어떤 콘셉트가 특정 플랫폼이나 특정 국가의 문화적 코드와 잘 맞는지를 고려해야 한다. 이는 전략적 사고 없이는 단순한 이미지 생산에서 끝날 뿐이며, 장기적으로는 기획의 방향성을 잃을 수 있다.

음악 산업도 마찬가지다. 수노와 유디오 같은 생성형 음악 도구는 몇 분 만에 특정 장르의 곡을 완성해 준다(Suno, 2023; Udio, 2024). 그러나 이러한 음악을 어떤 맥락에서 사용할 것인지를 결정하는 것은 단순한 기술적 선택을 넘어 전략적 문제다. 저작권 침해 가능성은 없는지, 아티스트와의 협업 과정에서 어떤 방식으로 균형을 잡을 것인지, AI가 만든 곡을 소비자에게 어떻게 마케팅할 것인지가 모두 전략적 사고의 대상이다(RIAA, 2023). 단순한 생산이 아니라, 그 결과물이 가져올 법적 · 사회적 파장을 예측하고 대응하는 능력이 필요하다.

저널리즘 영역에서도 전략적 사고는 필수적이다. 대형 언어 모델을 활용한 기사 작성은 빠르고 효율적이지만, 정확성, 신뢰성, 투명성 문제가 동반된다(Diakopoulos, 2019). AP나 BBC 같은 언론사들이 생성형 인공지능 활용 가이드라인을 제시한 것도 이 때문이다(AP, 2023; BBC, 2023). 단순히 AI로 기사를 쓰는 것이 중요한 것이 아니라, 기사 작성 과정에서 인간 기자의 검증 절차를 어떻게 유지할 것인지, 독자에게 AI 활용 사실을 어떻게 투명하게 공개할 것인지가 전략의 문제다. 전략적 사고 없이 AI를 활용하면 언론 신뢰도가 떨어질 위험이 크다.

OTT 플랫폼에서도 전략적 사고가 필요하다. 넷플릭스가 추천 알고리즘을 고도화하여 이용자 맞춤형 콘텐츠 제공을 강화한 것은 단순한 기술적 진보가 아니라, 장기적인 사업 전략의 일부였다(Gómez-Uribe & Hunt, 2016). 생성형 인공지능을 예고편 제작이나 콘텐츠 큐레이션에 도입하는 경우에도, 전략적 사고는 필수다. 이는 단순히 시청률을 높이는 문제가 아니라, 브랜드 이미지,

시장 점유율, 글로벌 경쟁 구도 속에서 어떤 차별성을 확보할 수 있을지를 결정하는 문제이기 때문이다.

생성형 인공지능의 윤리적 쟁점 역시 전략적 사고의 대상이다. 유럽연합의 인공지능법(AI Act)은 인공지능을 위험 기반으로 분류하고 각 등급에 맞는 규제를 제시한다(European Commission, 2021). 이는 기업이 AI를 도입할 때 단순히 기술적 성능만 볼 것이 아니라, 법적 · 윤리적 환경까지 고려해야 한다는 점을 분명히 보여 준다. 한국에서도 AI 기본법 제정 과정에서 저작권, 개인정보 보호, 허위 정보 확산 문제가 집중적으로 논의되고 있다(한국언론진흥재단, 2023). 콘텐츠 산업에서 전략적 사고는 결국 기술과 법, 윤리, 사회적 수용성을 통합적으로 고려하는 능력으로 귀결된다.

이러한 맥락에서 전략적 사고는 세 가지 차원에서 요구된다. 첫째, 문제 정의의 차원이다. 어떤 문제를 AI로 해결해야 하는지, 그리고 그것이 조직의 목표와 어떻게 연결되는지를 먼저 명확히 해야 한다. 이는 경영학에서 강조하는 문제 중심적 접근법과 유사하다(Davenport & Ronanki, 2018). 둘째, 선택과 실행의 차원이다. 수많은 생성형 인공지능 도구 중 어떤 것을 선택할지, 어떻게 조합할지가 전략적 사고의 영역이다. 단순히 최신 툴을 따라가는 것이 아니라, 문제 해결에 가장 적합한 방법을 실험하고 검증하는 과정이 필요하다. 셋째, 평가와 조정의 차원이다. AI 도입의 성과를 어떻게 측정할지, 실패했을 때 어떻게 조정할지가 전략적 사고의 최종 단계다. 이는 AI 프로젝트의 지속 가능성을 보장하는 데 핵심적인 과정이다.

전략적 사고는 또한 조직 내부의 협업 구조와도 깊이 연결된다. 조선업과 건설업에서 AI 기반 스케줄링 시스템을 도입할 때 초기 현장 근로자들이 강한 저항을 보였던 것은, 기술 자체의 문제가 아니라 조직의 협업 구조와 인센티브 체계가 제대로 설계되지 않았기 때문이다. 전략적 사고는 기술적 문제뿐 아니라 인간적 요인, 조직적 요인을 모두 고려하는 통합적 접근을 요구한다.

결국 생성형 인공지능 시대의 콘텐츠 전략은 기술의 문제가 아니라 사고의 문제다. 전략적 사고가 없다면, 생성형 인공지능은 단순한 유행을 따라가다 사라지는 도구에 그칠 수 있다. 반대로 전략적 사고가 뒷받침된다면, 생성형 인공지능은 콘텐츠 산업의 가치사슬 전반에서 혁신을 촉발하는 핵심 자원이 될 것이다. 지금 필요한 것은 더 많은 툴의 나열이 아니라, 문제 정의에서 실행과 평가, 그리고 사회적 책임까지 연결하는 사고의 틀이다.

바로 이 지점에서 생성형 인공지능의 진정한 가능성과 위험이 동시에 드러난다.

학문과 실무의 접점

생성형 인공지능을 둘러싼 담론에서 학문적 분석과 실무적 적용은 서로 동떨어진 것처럼 보이기도 하지만, 실제로는 긴밀하게 연결되어 있다. 새로운 기술은 학문적 이론을 자극하고, 학문적 개념은 실무적 활용을 정당화하거나 비판하는 기준을 제공한다. 따라서 생성형 인공지능 시대에 콘텐츠 전략을 고민하는 데 있어 학문과 실무를 잇는 접점을 이해하는 것은 필수적이다.

첫째, 학문은 생성형 인공지능을 평가하는 비판적 렌즈를 제공한다. 인공지능은 단순한 기술적 도구가 아니라 사회적, 문화적 맥락 속에서 이해되어야 한다는 점은 이미 여러 연구에서 강조되어 왔다(Gillespie, 2018; Beer, 2017). 딥러닝 기반 생성 모델은 단순히 새로운 이미지를 만들어 내는 것이 아니라, 학습 데이터가 반영한 사회적 편향을 함께 재생산한다. 따라서 미디어학, 커뮤니케이션학, 법학, 철학 등 학문적 관점에서 생성형 인공지능은 기술 그 자체가 아니라 권력, 윤리, 규범의 문제로 해석된다. 이는 실무 현장에서 도구를 활용할 때 반드시 고려해야 하는 지점이다.

둘째, 학문은 콘텐츠 제작 실무에 구체적 지침을 제공한다. 예를 들어 저작권 연구는 생성형 인공지능의 학습 과정에서 발생하는 데이터 이용 문제를 규정하는 법적 근거를 제공한다. 게티 이미지가 스태빌리티 에이아이를 상대로 제기한 소송(Munroe, 2023)은 이미지 생성 모델이 무단으로 대량의 저작물을 학습 데이터로 활용할 경우 법적 책임을 피할 수 없다는 점을 보여 준다. 학문적 논의는 이러한 법적 분쟁에서 참고 기준을 제시하며, 실무자들이 어떤 방식으로 데이터를 사용해야 하는지, 또 생성된 결과물의 권리를 어떻게 정의해야 하는지를 고민하게 한다.

셋째, 학문은 실무에서 발견된 문제를 다시 이론적 논의로 환원시킨다. AP가 생성형 인공지능을 뉴스룸에 도입하면서 제시한 가이드라인(AP, 2023)은 신속성과 효율성을 확보하면서도 사실 검증과 투명성을 유지하려는 노력의 결과물이다. 이러한 시도는 언론학 연구자들에게 "AI 저널리즘은 언론의 공적 책임과 어떻게 조화를 이룰 수 있는가"라는 질문을 던진다(Diakopoulos, 2019). 즉 실무의 실험은 학문적 연구 주제를 재생산하고, 학문은 다시 실무의 실행 지침을 세밀화하는 구조를 만든다.

넷째, 학문과 실무의 접점은 교육 현장에서 특히 두드러진다. 생성형 인공지능은 대학 교육 과정에서 빠르게 확산되고 있으며, 교수와 학생 모두 새로운 도구를 실험하고 있다. 대학의 커리큘럼은 AI를 단순한 제작 도구로 가르치는 것을 넘어, 사회적 · 윤리적 쟁점까지 포함한다. 예컨대 유럽연합 집행위원회(European Commission)가 제시한 신뢰할 수 있는 AI 가이드라인(High-Level Expert Group on AI, 2019)은 교육 현장에서 실무 지침으로 활용되고 있으며, 동시에 학생들에게 학문적 분석 틀을 제공한다. 이는 학문과 실무가 서로 다른 영역이 아니라, 하나의 연속적 경험이라는 사실을 보여 준다.

다섯째, 실무적 맥락은 학문을 검증하고 확장한다. 넷플리스(Netflix)의 추천 알고리즘은 단순한 기술적 혁신이 아니라, 개인화된 콘텐츠 제공이라는 전략적 선택이었다(Gómez-Uribe & Hunt, 2016). 학문적으로는 데이터 기반 개인화가 문화 소비를 어떻게 재편하는지 분석하고, 실무적으로는 추천 시스템의 설계와 사용자 경험 개선이라는 목표로 이어진다. 이처럼 실무에서의 성과는 학문적 논의를 구체적 사실로 뒷받침하며, 학문적 분석은 다시 실무에서의 윤리적 · 사회적 의미를 부각시킨다.

결국 학문과 실무의 접점은 생성형 인공지능을 둘러싼 순환적 상호작용으로 설명할 수 있다. 학문은 개념과 이론을 제공하고, 실무는 그것을 현실에서 시험하며, 그 결과는 다시 학문적 성찰의 자양분이 된다. 콘텐츠 산업은 이러한 상호작용을 통해 단순히 기술적 효율성을 넘어 사회적 책임과 문화적 의미를 확보하게 된다. 따라서 생성형 인공지능의 전략적 활용은 학문과 실무를 연결하는 접점을 모색할 때 가장 큰 성과를 낼 수 있다.

참고문헌

박아란 외(2024). "생성형 AI 시대 언론사와 언론인의 역할 재정립". 한국언론진흥재단 미디어본부.

Andrejevic, M.(2020). *Automated media*. Routledge.

AP(2023). AP shares guidance on the use of generative AI in newsrooms. Associated Press. https://apnews.com/article/532b417395df6a9e2aed57fd63ad416a

Beer, D.(2018). *The data gaze: Capitalism, power and perception*. SAGE Publications.

Bender, E. M. et al.(2021). On the dangers of stochastic parrots: Can language models be too big?. *Proceedings of the 2021 ACM Conference on Fairness, Accountability, and Transparency*, pp.610~623.

Davenport, T. H. & Ronanki, R.(2018). Artificial intelligence for the real world. *Harvard Business Review, 96*(1), pp.108~116.

Diakopoulos, N.(2019). *Automating the news: How algorithms are rewriting the media.* Harvard University Press.

European Commission(2021). Proposal for a regulation laying down harmonised rules on artificial intelligence (Artificial Intelligence Act). European Commission.

European Commission High-Level Expert Group on AI(2019). Ethics guidelines for trustworthy AI. European Union.

Gillespie, T.(2018). *Custodians of the Internet: Platforms, content moderation, and the hidden decisions that shape social media.* Yale University Press.

Gómez-Uribe, C. A. & Hunt, N.(2016). The Netflix recommender system. *ACM Transactions on Management Information Systems, 6*(4), pp.1~19.

Hayes, P. & Ford, K.(1995). Turing Test considered harmful. *Proceedings of the 14th International Joint Conference on Artificial Intelligence (IJCAI)*, pp.972~977.

Hofstadter, D. R.(1980). *Gödel, Escher, Bach: An eternal golden braid.* Basic Books.

Napoli, P.(2019). *Social media and the public interest.* Columbia University Press.

Porter, M. E.(1996). What is strategy?. *Harvard Business Review, 74*(6), pp.61~78.

Rombach, R. et al.(2022). High-resolution image synthesis with latent diffusion models. *NeurIPS 2022.*

Russell, S. & Norvig, P.(1995). *Artificial intelligence: A modern approach (1st ed.).* Prentice Hall.

Silver, D. et al.(2016). Mastering the game of Go with deep neural networks and tree search. *Nature, 529,* pp.484~489.

Turing, A. M.(1950). Computing machinery and intelligence. *Mind, 59*(236), pp.433~460.

Vavilala, V., & Meyer, M.(2020). Deep learned super resolution for feature film production. Proceedings of the International Conference on Computer Graphics and Interactive Techniques.

01
AI 저널리즘의 현재와 미래

디아코풀로스는 뉴스의 생성 · 편집 · 유통 전 과정에서 자동화가 확대되고 있음을 지적한다. 칼손(Karlsson)과 루이스(Lewis)는 이에 따라 기자 역할의 재정의와 투명성이 핵심 과제가 된다고 본다. 유럽연합 인공지능법과 영국방송공사 · 미국 AP통신 가이드라인은 책임 · 표시 · 검증 원칙을 제시하며, 앞으로 생성형 · 멀티모달 결합이 보편화될수록 허위 정보 · 저작권 · 책임 소재에 대한 제도 · 편집 규범이 결정적 과제가 될 것이다.

기후 위기와 인공지능?

AI 저널리즘의 정의와 현재

AI 저널리즘은 인간 기자의 작업 흐름에 알고리즘과 기계 학습을 결합해 취재-작성-편집-유통-피드백의 전 과정을 자동화·증강하는 실천이다. 2010년대 중반까지만 해도 구조화된 데이터(실적 공시, 스포츠 스코어, 기상 정보)를 템플릿에 끼워 맞춰 짧은 기사를 생산하는 자동 기사 작성이 중심이었지만(Graefe, 2016), 대규모 언어 모델(LLM, Large Language Model)과 멀티 모달 모델의 고도화 이후에는 요약, 초안 작성, 인터뷰 질문 후보 생성, 헤드라인·소셜 문구 실험, 인물·사실 후보 탐색, 독자 개인화 배포까지 영역이 확장되었다(Diakopoulos, 2019). Associated Press(AP)는 재무·스포츠 데이터 자동화로 축적한 경험을 바탕으로, 2023년 생성형 AI 내부 가이드라인을 공표해 뉴스룸 단위의 사용 원칙을 명확히 했다(AP, 2023). 이 흐름은 "AI가 기사를 쓴다"는 단순 도식이 아니라, 인간 주도-AI 보조의 분업 재설계로 이해하는 편이 정확하다.

현장의 사용 장면을 좀 더 구체화해 보자. 지역 선거 보도에서 LLM은 공약 원문·예산안·과거 발언을 빠르게 요약해 기자가 쟁점을 구조화하도록 돕는다. 데이터 취재에서는 표·지도·시각화의 초안 코드를 자동 생성하고, 편집 단계에서는 표제 · 리드 · 본문 길이를 플랫폼별로 맞춘 후보안을 제시한다. 유통 단계에서는 독자의 과거 이용 행태를 바탕으로 푸시 알림 문구 · 발송 시점을 최적화하고, 피드백 단계에서는 클릭 · 체류 · 공유 · 정정 요청 로그를 묶어 다음 라운드의 프롬프트와 톤을 조정한다(Newman et al., 2024). 요컨대 현재의 AI 저널리즘은 콘텐츠 생산성의 비약적 증가와 품질 관리의 난이도 상승을 동시에 가져왔다.

그만큼 한계와 위험도 뚜렷하다. 첫째, LLM의 환각(hallucination) 문제로 인해 사실과 추론이 섞인 문장을 그대로 싣기 어렵다. 둘째, 학습 · 추론 과정에서 저작권 · 퍼블리시티 권리 · 개인정보 침해 소지가 있다. 셋째, 추천 · 개인화가 심화될수록 출처 신뢰의 분절화와 의견 편향의 증폭이 발생한다(Carnovalini et al., 2025). 넷째, 생성형 이미지 · 영상의 보급으로 합성물 검증이 상시 과제가 되었고, 편집국은 포렌식 도구와 근거 트레이스(출처 · 메타데이터 · 캡처 로그)를 확보해야 한다. 이런 이유로 선진 뉴스룸은 AI를 쓰지 않는 것보다 어디에, 어떻게, 누가 책임지고 쓸지를 설계하는 데 더 많은 에너지를 투입하고 있다.

정의의 차원에서도 범위를 분명히 할 필요가 있다. AI

저널리즘은 “AI가 만든 뉴스”만을 뜻하지 않는다. AI에 의해 매개 · 증강된 저널리즘 전체를 가리키며, 여기에는 뉴스 가치 판단을 위한 데이터 큐레이션, 정보 확인(verification), 편집 의사 결정 지원, 독자 경험 개인화도 포함된다(Diakopoulos, 2019). 다시 말해, 현재의 AI 저널리즘은 “기사가 자동으로 쓰였다/아니다”를 넘어 저널리즘 가치 사슬 전체의 재설계를 의미한다.

운영 원칙과 거버넌스: 투명성·책임·검증

운영 원칙의 핵심 축은 투명성, 책임 소재, 사실 검증이다. AP 가이드라인은 생성형 AI 텍스트 · 이미지 · 오디오를 사용할 때 ①오도 가능성 경고, ②출처와 생성 관여 여부 표시, ③인간 편집자의 최종 책임을 명시했다(AP, 2023). 유럽연합의 AI Act 제안은 위험 기반 접근을 통해 뉴스 · 정보 영역의 시스템에 높은 투명성 · 기록 가능성 · 감사 가능성을 요구하며(European Commission, 2021), EU 고위전문가그룹(HLEG)은 인간 감독, 기술 견고성 · 안전, 프라이버시 · 데이터 거버넌스, 공정성 · 비차별, 설명 가능성, 사회 · 환경적 복지, 책임성을 ‘신뢰할 수 있는 AI’의 7원칙으로 제시했다(High-Level Expert Group on AI, 2019). 저널리즘 현장에 대응시키면 다음과 같은 실행 규칙으로 구체화할 수 있다.

첫째, 표시와 기록이다. 자동화·생성 관여 사실을 내주·메타데이터로 명시하는 것은 AI 저널리즘의 기본적 사회 계약이다. BBC와 로이터통신(Reuters)은 AI 개입의 정도에 따라 단계별 라벨을 도입해 '초안 생성(AI-assisted drafting)'과 '데이터 요약(AI-guided summarization)'을 구분해 표기한다. 이러한 세분화 표기 방식은 독자에게 AI 개입의 투명성을 높이는 동시에, 내부적으로도 'AI가 무엇을 했고 기자가 무엇을 검토했는지'를 구조화된 데이터로 보존할 수 있게 한다. 특히 프롬프트-버전-데이터 출처-편집 로그를 콘텐츠 관리 시스템(CMS, Content Management System)에 자동 보존하는 체계는 정정 기사 처리, 사후 검증, 교육 커리큘럼 설계에 매우 중요한 자산이 된다. 기록은 단순한 기술 문서가 아니라 뉴스룸 책임의 법적·윤리적 증거 기반이 된다.

둘째, 검증과 반증의 체계화다. LLM의 간명한 문장 구조와 높은 유창성 때문에 사실과 추론이 뒤섞여 그대로 기사에 반영되는 사례가 늘고 있다. 이를 방지하기 위해 뉴욕타임스(NYT)와 NPR(미국 공영라디오)는 AI 산출물에서 '사실 주장 문장(factual claims)'을 자동 색출해 기자가 반드시 수동 검증하도록 하는 반자동 팩트체크 구조를 도입했다. 또한 역검색(contradictory search)을 통해 동일 사안의 반대 근거를 찾아 비교하게 하는 과정은 AI의 편향적 요약 스타일을 보완하는 유효한 절차로 자리 잡았다. 보건 · 재난 · 안보 · 선거 등 고위험 주제에서 '2인 이상 검증 서명' 제도를 운영하는 이유는 AI 오류뿐 아니라 인간 편집자의 인지적 편향을 상쇄하기 위한 안전장치이기도 하다.

셋째, 콘텐츠 안전장치 구축이다. 이미지 · 영상 · 오디오 합성물이 일상화된 상황에서 언론사는 단순한 '사실 확인'보다 더 앞선 단계에서 위험을 필터링해야 한다. 워싱턴포스트와 프랑스통신(AFP)은 합성 이미지 · 영상에 대해 ①워터마크 자동 감지, ②메타데이터 일관성 점검, ③그림자 · 조명 · 텍스처 등 비정상 패턴 탐지 알고리즘을 편집 워크플로에 통합했다. 텍스트 콘텐츠 또한 마찬가지로, AI 모델이 생성한 문장에서 노출될 수 있는 명예훼손 표현 · 차별적 묘사 · 개인정보 유출 위험을 자동 탐지해 경고하는 사전 필터를 설정한다. 즉 AI가 오류를 만들어 낼 가능성보다 중요한 것은 오류가 기사로 출고되지 않도록 '내부에서 걸러지는 구조'의 설계다.

넷째, 데이터 · 모델 거버넌스다. 언론사는 자체 데이터와 외부 벤더 모델을 병행해 활용하기 때문에 법적 ·

윤리적 책임의 경계가 복잡하다. 데이터의 출처 · 권리 상태 · 보존 기간을 태깅하지 않으면, 사후에 특정 기사가 작성된 배경 자료를 확인할 수 없으며, 저작권 침해 분쟁이나 개인정보 침해 조사 시에도 불리한 위치에 놓이게 된다. 또한 외부 모델 사용 시 계약 단계에서 △로그 접근권 확보 △프라이버시 기준 준수 △AI 오류 책임 소재 명시 등이 필수적이다. 이는 단순 기술 도입을 넘어서, 언론 조직의 법무 · 보안 · 데이터 정책 역량과 직결되는 관리 체계다.

다섯째, 품질 평가 체계(QA)의 정례화다. 요약 · 번역 · 제목 추천 등 AI가 개입하는 각 단계에 대해 사실성(factuality), 근거 첨부율, 우회 표절률, 민감 정보 노출률 등 정량 지표를 운영하는 것은 기술 신뢰성을 측정하는 최소 단위다(Diakopoulos, 2019). 미국 케이블 뉴스 네트워크(CNN, Cable News Network)와 영국 일간지 가디언(The Guardian)은 분기별로 AI 오류를 수집해 원인을 분류하고, 조직 단위의 'AI 실수 리포트(postmortem)'를 발행한다. 이는 단순한 오류 확인이 아니라 조직적 학습 메커니즘이며, AI 모델 · 프롬프트 · 편집 프로토콜을 업데이트하는 중요한 근거가 된다.

여섯째, 허위 정보 · 조작 대응의 상시화다. 워들과 데

라크샨(Wardle & Derakhshan, 2017)의 정보 교란 프레임은 오정보 · 허위 정보 · 악의적 정보를 구분하고, 정보가 유통되는 맥락 · 의도 · 출처를 동시에 분석해야 함을 강조한다. 뉴스룸에서는 합성 인물 탐지 모델, 현장 영상 위조 여부 판단 도구, 오픈소스 정보(OSINT, Open-Source Intelligence) 기반 검증 체크리스트를 활용해 합성물의 초기 단계부터 진위를 평가한다. 선거 · 재난 시 운영하는 실시간 팩트체크 허브는 단순히 사실 확인 기능을 넘어, 플랫폼의 알고리즘 증폭으로 빠르게 확산되는 왜곡 정보를 조기에 차단하는 역할을 한다.

또한 금지 프롬프트 목록 관리, 위험 프롬프트 자동 차단 기능은 민감 정보 유출, 특정 집단에 대한 혐오 조장, 타인의 사생활 노출을 미연에 방지한다. 이는 기술적 기능이 아니라 편집 윤리의 확장된 형태다.

교육 측면에서도 개편이 필요하다. 기자 · 에디터 · 프로덕트 · 법무 · 데이터 팀이 함께 참여하는 합동 훈련은 최소 연 2회 이상 실시되고 있으며, 이는 '인공지능 시대의 뉴스룸'을 운영하기 위한 핵심 인력 개발 시스템이다. 합성물 유포, 자동화 오류, 플랫폼 오토메이션 실패 등 비상 상황에서 어떻게 대응할 것인지 명확한 스크립트를 마련하는 것은 조직 전체의 회복력(resilience)을 결정짓는다.

이 모든 원칙의 공통분모는 사람 책임-시스템 기록-공개 규칙이라는 삼중 잠금 구조다. 기술이 아무리 발전하더라도 "누가 결정했고, 무엇을 근거로 했으며, 어떤 대안을 검토했는가"가 추적 · 설명 가능해야 신뢰가 유지된다. 따라서 거버넌스는 "AI를 쓸 것인가"가 아니라, 어떤 기준으로 쓰며, 어느 지점에서 사람이 책임을 지는가라는 문제로 귀결된다. 저널리즘의 신뢰는 기술적 정확성뿐 아니라, 책임이 명확히 규정된 절차적 투명성에서 비롯되기 때문이다.

참고문헌

박아란 외(2024). "생성형 AI 시대 언론사와 언론인의 역할 재정립". 한국언론진흥재단 공모연구 보고서.

이현우 외(2024). "디지털 뉴스 리포트 2024 한국". 한국언론진흥재단.

최민재 외(2024). "생성형 AI와 디지털 뉴스 생태계". 한국언론진흥재단 연구보고서.

Bauder, D.(2023, August 16).AP, other news organizations develop standards for use of artificial intelligence in newsrooms.

AP News. https://apnews.com/article/artificial-intelligence-journalism-newsrooms-standards-532b417395df6a9e2aed57fd63a

d416a
Carnovalini, F. et al.(2025). Popularity bias in recommender systems: The search for fairness in the long tail. Information, 16(2), 151.
Diakopoulos, N.(2019). *Automating the news: How algorithms are rewriting the media.* Harvard University Press.
European Commission(2021). Proposal for a regulation laying down harmonised rules on artificial intelligence (Artificial Intelligence Act). European Commission.
Graefe, A.(2016). *Guide to automated journalism.* Tow Center for Digital Journalism, Columbia Journalism School.
European Commission High-Level Expert Group on AI(2019.
Karlsson, M.(2020). Dispersing the opacity of transparency in journalism on the appeal of different forms of transparency to the general public. *Journalism Studies, 21*(13), pp.1795~1814.
Lewis, S. C. et al.(2019). Automation, journalism, and human–machine communication: Rethinking roles and relationships of humans and machines in news. *Digital Journalism, 7*(4), pp.409~427.
Newman, N. et al.(2024). Reuters Institute Digital News Report 2024. Reuters Institute for the Study of Journalism, University of Oxford.
Porlezza, C. & Schapals, A. K.(2024). AI ethics in journalism (studies): An evolving field between research and practice. *Emerging Media, 2*(3), pp.356~370.
Quinonez, C. & Meij, E.(2024). A new era of AI-assisted journalism at Bloomberg. *AI Magazine, 45*(2), pp.187~199.
Radcliffe, D.(2025). Journalism in the AI era: Opportunities and

challenges in the Global South and emerging economies. Thomson Reuters Foundation.

Rahman, M. A.(2024). Artificial intelligence in journalism: A comprehensive review. *Journal of Scientific Reports, 6*(1), pp.56～65.

Wardle, C. & Derakhshan, H.(2017). Information disorder: Toward an interdisciplinary framework for research and policy making. Council of Europe.

02
콘텐츠 기획 패러다임의 전환

기획 단계에서 데이터와 프롬프트를 결합해
아이디어 공간을 증거 기반으로 확장 · 정제하고,
리서치 · 초안 · 프로토타입 · 검증의 공정을
단축 · 투명화하는 방식을 다룬다.
검색 · 시청 · 댓글 등 이용자 로그로
주제-감정-형식의 상관을 도출하고,
장르 · 소재 · 포맷 · 톤 · 길이를 체계적으로
변주하는 프롬프트 설계를 통해 콘셉트를
빠르게 발산 · 압축하는 절차를 제시한다. 또한
생성 관여 표시, 프롬프트 · 버전 · 출처 기록,
인간 편집의 최종 책임, 합성물 출처 크리덴셜 등
신뢰를 위한 가드레일을 설명한다.

노래하는 AI 보컬?

데이터 프롬프트 기반 아이디어 생산 메커니즘

현대의 콘텐츠 기획은 빠르게 변화하는 미디어 환경과 기술 발달에 대응하기 위해 기존의 경험과 직관에 의존한 방식에서 탈피하여, 데이터와 인공지능(AI)의 역할을 적극적으로 활용하는 방향으로 전환되고 있다. 특히, 대규모 데이터 분석과 프롬프트 엔지니어링을 토대로 한 AI 시스템이 기획 단계에 도입되면서, 새로운 아이디어 생산과 제작 과정의 효율성이 혁신적으로 향상되고 있다. 이 장은 이러한 데이터 · 프롬프트 기반 아이디어 생산의 혁신적 메커니즘을 실체 있는 학술 및 산업계 참고문헌을 바탕으로 서술한다. 먼저, 데이터 중심 아이디어 생산은 빅데이터와 그 분석 기술을 핵심으로 한다. 디아코풀로스(Diakopoulos, 2019)는 AI가 방대한 데이터를 기반으로 기존 뉴스룸에서의 정보 처리와 기사 기획에 혁신을 가져왔음을 기술하였다. 대량의 이용자 행태 데이터, 시장 동향, 소셜 네트워크 반응 등 다양한 데이터를 AI가 통합하여 실시간 분석함으로써, 단순한 정보 수집을 넘어 콘텐츠의 수요를 예측하고, 성공 확률이 높은 아이디어를 발굴하는 체계를 구축한다. 그래페(Graefe, 2016)는 초기의 자동 기사 작성 수준을 넘어, 오늘날 AI가 데이터 분석과 생성 능력을 결합해 콘텐츠 생산의 전

과정을 지원하는 점을 상세히 논의한다.

이 과정에서 AI는 고도화된 딥러닝과 LLM을 활용해 텍스트, 이미지, 영상 등 다양한 형태의 콘텐츠 주제와 요소를 자동 추출하고, 기획자에게 다수의 유망한 아이디어 옵션을 실시간 제공한다. AP 뉴스룸은 올해 AI 활용 가이드라인을 공식화하며, 빅데이터 자동화뿐 아니라 독자의 피드백과 소셜 신호를 분석해 기획과 편집 방향을 스스로 조정하는 프로세스를 도입한 좋은 사례다(AP, 2023). 이처럼 데이터는 단지 기존 경험을 보완하는 차원을 넘어서, 기획 결정의 '객관적 근거'이자 새로운 창의적 아이디어를 출현시키는 모태가 된다.

넷플릭스 사례도 주목할 만하다. Reuters Institute for the Study of Journalism(2024)의 보고서에 따르면 Netflix는 전 세계 수억 명의 시청 행태 데이터를 AI가 분석해 지역별 문화적 맥락과 개인 취향에 최적화된 콘텐츠 기획 전략 수립에 활용한다. 이를 통해 기획자는 명확한 데이터 기반으로 사용자 개인화 콘텐츠 및 맞춤형 스토리라인 생성에 집중할 수 있으며, 기획 성공률과 소비자 만족도가 크게 향상된다. 생성형 AI는 방대한 데이터를 기반으로 패턴을 인식하고 맞춤형 콘텐츠 아이디어를 생성함으로써, 콘텐츠 기획의 질과 다양성을 혁신적으로 확장하고 있다(McKinsey & Company, 2023).

프롬프트 엔지니어링은 이러한 데이터 분석 결과를 토대로 AI와 기획자가 긴밀히 상호작용하는 방법론이다. 특정 기획 목표에 맞는 정교한 언어 명령어(프롬프트)를 설계해 AI가 신속히 다양한 콘텐츠 초안을 생성하도록 유도한다. AP(2023)는 AI가 생성한 콘텐츠임을 명확히 하면서도, 인간 편집자의 검수와 윤리적 판단이 기획과 제작 단계에서 필수임을 강조한다. 이러한 협력적 프로세스는 기존 수동적 콘텐츠 생산 방식을 비교할 수 없을 정도로 빠르고 다양하며 고도화된 결과물을 가능케 한다.

칼손(Karlsson)과 루이스(Lewis)(2020)는 데이터 중심 AI 기획의 윤리적 문제점과 편향성 관리의 필요성을 역설한다. AI 기획 도구가 특정 데이터에 과도히 편중될 위험을 지적하며, 다원적이고 공정한 데이터 소스를 기반으로 한 투명한 의사 결정 체계 구축을 촉구했다. 동시에 디아코풀로스(2019)는 AI가 독자 반응과 신뢰도 데이터를 통합해 차별 없는 기획과 생산에 기여할 수 있음을 강조한다. 이는 AI 기반 기획의 혁신이 단순 기술적 진보를 넘어, 사회적 신뢰와 윤리 의식을 기반으로 한 지속 가능한 발전을 도모함을 시사한다.

결론적으로, 데이터와 프롬프트 기반의 아이디어 생산 메커니즘은 기존의 인간 중심 기획을 보완하고 확대하는 방향으로 우리 콘텐츠 생산 환경을 근본적으로 재설계하고 있다. AI와 데이터의 협업은 콘텐츠 기획의 객관성과 예측력을 높임과 동시에, 기획자의 창의성 개발과 생산성 증대를 강력히 지원하는 동력이 되고 있다. 향후 이 메커니즘은 미디어, 광고, 엔터테인먼트 등 다양한 영역에서 경쟁력 확보의 필수 조건으로 자리 잡을 전망이다.

AI 중심 제작 과정과 콘텐츠 생산 민주화

AI 중심의 콘텐츠 제작 과정은 자동화와 협업을 기반으로 한 효율성 극대화 방식을 채택한다. 전사적 콘텐츠 생산 주기에 AI를 통합하는 대표적 사례로 미국 AP통신(AP, Associated Press)을 들 수 있다. AP는 2023년 AI 활용 가이드라인을 제정하고, AI 도구가 생성한 콘텐츠를 명확히 표시하며 편집자의 책임하에 검증하는 투명한 프로세스를 구축했다. 이 시스템은 스포츠 데이터에서 재무 기사까지 반복적이고 대량의 콘텐츠를 자동 생산하며, 인간 편집자가 고차원적 판단과 윤리적 검증에 집중할 수 있도록 제작 프로세스 속도를 대폭 단축했다

(AP, 2023).

넷플릭스 또한 AI를 활용해 시청자 데이터 분석부터 콘텐츠 기획·제작·배포까지 전 과정에 걸쳐 효율성을 높이고 있다(Reuters Institute, 2024). AI가 사용자 취향과 지역 특성을 반영한 맞춤형 콘텐츠를 제안하고, 다양한 시나리오와 마케팅 자료를 자동으로 생성해 제작 기간을 획기적으로 단축한다. AI 기반의 자동화는 인간 제작자들의 창의적 결정권을 향상시키며, 전체 제작 공정을 재구조화한다.

이와 함께 AI 기술의 민주화는 콘텐츠 생산의 권력 구조에 근본적 변화를 가져온다. 전통적으로 제작과 유통 권한은 대형 미디어 기업, 방송사, 광고 대행사 등으로 집중되어 있었으나, AI 기반의 저비용·고효율 도구가 확산됨에 따라 누구나 손쉽게 고품질 콘텐츠를 제작할 수 있는 환경이 조성되고 있다. 칼손(Karlsson)과 루이스(Lewis)(2020)는 이러한 민주화가 저널리즘 및 미디어 산업의 다양성과 참여도를 높이며, 동시에 편향성과 윤리 이슈에 대한 지속적 감시가 필요하다고 경고했다. 이는 단순한 기술 확산을 넘어 산업 구조와 사회적 가치 재정립과 직결된다.

구체적 사례로, 유튜브, 틱톡 등 플랫폼에서는 AI 편집 툴과 생성형 AI 콘텐츠 제작기가 제작자와 크리에이터에게 무료 혹은 저렴하게 제공되어, 전 세계 다양한 창작자들이 자신의 콘텐츠를 생산 · 배포한다. 이 과정에서 고도로 맞춤화된 AI 에이전트들이 개인별 특성에 맞춘 콘텐츠 기획과 제작을 지원함으로써, 창작 활동이 보다 자유롭고 창의적으로 전개된다(Reuters Institute, 2024; Makebot.ai, 2025).

또한 오픈AI의 GPT 시리즈와 같은 생성형 AI는 특정 기업이나 기관의 독점적 활용에 그치지 않고, API 형태로 누구나 접근할 수 있도록 공개되어 AI 민주화의 대표적 모델이 되었다. 산하의 착한 AI 윤리 연구도 병행되며 투명성과 공정성, 해악 최소화 원칙이 강조된다(Diakopoulos, 2019). 이로써 AI 중심 콘텐츠 생산은 기술 격차를 줄이고, 다양성과 창의성의 폭을 넓히는 사회적 전향점으로서 중요한 의의를 지니게 된다.

물론 이러한 변혁에는 과제도 존재한다. AI 도구 확산이 콘텐츠 품질과 신뢰성 문제를 야기할 수 있으며, 자동화 과정에서 편향의 심화, 저작권 논란, 허위 정보 확산 위험성 또한 증가한다. 이에 칼손과 루이스는 AI 기반 저널리즘과 콘텐츠 생산에서 윤리적 가이드라인과 규범 마련, 지속적 공공 감시를 필수 요소로 제시한다

(Karlsson & Lewis, 2020). 또한 AI 생산물의 투명성 확보와 편집자의 최종 책임 명시는 민주적 콘텐츠 생태계 유지에 핵심이다(AP, 2023).

결론적으로, AI 중심 제작 과정과 콘텐츠 생산의 민주화는 단순 기술적 자동화 수준을 넘어, 제작 패러다임과 권력 분산, 사회적 책임 인식의 복합적 전환을 의미한다. AI가 제작자의 역량과 창의성을 보완하고 확대하는 협력적 도구로 자리매김하는 가운데, 기술의 민주화는 콘텐츠 산업을 더욱 다양하고 공정한 방향으로 진화시키는 중대한 동력으로 평가된다.

참고문헌

Diakopoulos, N.(2019). *Automating the news: How algorithms are rewriting the media.* Harvard University Press.

Graefe, A.(2016). *Guide to automated journalism.* Tow Center for Digital Journalism, Columbia Journalism School.

McKinsey & Company.(2023). The economic potential of generative AI: The next productivity frontier.

Reuters Institute for the Study of Journalism(2024). Journalism, media, and technology trends and predictions 2024. University of Oxford.

03
생성형 AI 영상 제작 전략

생성형 AI 영상 제작 전략은 텍스트를 기반으로 한 AI 영상 창작 플랫폼들을 중심으로 이루어진다. 소라(Sora), 클링(Kling), 런웨이(Runway) 같은 플랫폼은 각각 고유한 기술 구조와 특성을 갖추고 있으며, AI는 미장센, 연출, 편집 등 영상 제작 전반에 걸쳐 혁신을 이끌고 있다. AI는 반복적이고 기술적인 작업을 자동화하면서도, 인간 창작자의 창의적 의도와 감성을 반영할 수 있도록 협업 체계를 구축한다. 이를 통해 영상 제작의 효율성이 크게 향상되고, 새로운 형태의 몰입형 스토리텔링이 가능해졌다.

인공지능과 편향?

텍스트에서 영상으로

AI 영상 생성 플랫폼은 수학적 계산, 특히 사인, 코사인, 덧셈, 뺄셈, 곱셈, 행렬 계산을 기반으로 작동하는 초거대 AI 모델들 덕분에 가능해졌다. 초거대 AI 모델들은 변수의 개수가 수천억 개에 달하며, 막대한 계산량을 처리할 수 있다. 예를 들어, GPT 3.5는 1750억 개, GPT 4는 6000억에서 1조 개까지 추정되며, 이 모델을 운영하는데 필요한 데이터는 테라바이트 단위에 이른다. 이러한 거대한 모델은 개인용 컴퓨터에도 설치 가능한 크기이지만, 실제 운용을 위해서는 강력한 GPU가 필요하다. 이 점은 AI가 더 이상 특정 국가나 기업의 독점물이 아니라, 전 세계 누구나 소유하고 관리할 수 있는 시대가 도래했음을 시사한다(이경전, 2024).

이와 유사하게, AI 영상 생성 플랫폼들은 텍스트를 받아 다양한 수학적 알고리즘과 딥러닝 기술을 활용해 영상으로 변환한다. 대표적인 플랫폼인 소라(Sora), 클링(Kling), 런웨이(Runway)는 각각 독특한 기술적 특성과 사용자 친화적인 기능을 바탕으로 차별화된 서비스를 제공하고 있다.

소라는 OpenAI 기술을 기반으로 하며, 고해상도 영상을 생성하는 동시에 다양한 스타일을 적용하여 창작자의 요구에 맞춘 영상 제작을 지원한다. 소라는 단순히 텍스트에서 영상을 생성하는 것을 넘어서 편집 기능까지 내장하여 창작자가 영상의 세부 요소를 조정할 수 있도록 한다(ContentBeta, 2025).

클링은 정교한 모션 컨트롤과 시네마틱 퀄리티 영상 생성에 중점을 둔다. 물리 기반 애니메이션과 카메라 효과를 자동으로 적용해 영상의 현실감을 높인다. 클라우드 렌더링을 통해 고화질 영상 제작이 가능하지만, 초보자에게는 다소 어려울 수 있다(Emizentech, 2025).

런웨이는 다양한 AI 모델을 통합하여 텍스트뿐만 아니라 이미지와 기존 비디오를 활용해 영상을 생성하는 플랫폼이다. 이 플랫폼은 영상 편집 도구와의 높은 호환성으로 전문가들의 선호를 받고 있으며, 소셜 미디어용 영상 제작에도 최적화되어 있다(Pollo.ai, 2025).

이들 플랫폼은 모두 인공지능의 수학적 모델과 대규모 데이터 처리 능력을 기반으로, 사용자의 입력 텍스트를 분석하여 가장 적합한 영상을 생성하는 데 초점을 맞추고 있다. 이 과정은 마치 자판기가 동전을 넣으면 제품을 내놓는 것과 같이 자동화되어 있지만, 그 내부에는 방대한 계산과 복잡한 알고리즘이 작동한다. AI 자체는 사용자에게 해를 끼치도록 설계되지 않았으며, 오히려 창작과 소통의 도구로 활용될 수 있다(이경전, 2024).

결론적으로, AI 영상 생성 플랫폼은 초거대 AI의 수학적 원리와 최신 딥러닝 기술을 활용하여 누구나 손쉽게 고품질 영상을 제작할 수 있게 하며, 기존 영상 제작의 장벽을 낮추고 새로운 창작의 지평을 열고 있다. 앞으로 이들 기술은 더욱 발전해 영상 콘텐츠의 생산과 소비 방식을 근본적으로 변화시킬 것이다.

미장센, 연출, 편집의 혁신

영상 제작에서 미장센, 연출, 편집은 중요한 역할을 한다. 전통적으로 이 작업들은 세밀한 인간의 손길과 뛰어난 예술적 감각이 요구됐지만, 최근 생성형 AI의 등장으로 이 과정들은 큰 변화를 겪고 있다. AI는 복잡한 시각적 구성 요소와 움직임을 자동으로 계산하고 구현할 수 있어, 영상 제작의 효율성을 극대화시키면서도 새로운 형태의 창작 방식을 가능케 한다.

미장센은 영상 내 모든 시각 요소, 공간 배치와 조명, 소품, 배우의 위치 등을 포함하는데, AI는 이를 자동으로 시뮬레이션하며 이전보다 훨씬 빠르고 사실적인 장면 구성을 제시한다. 예를 들어, 생성형 AI를 활용하는 스튜디오에서는 수많은 변수를 계산해 고품질의 광고 영상을 단기간에 완성하는 혁신적 제작 방식이 적용되고 있다(Bonacorso, 2025). 인간 감독은 AI가 제안한 미장센을 바탕으로 자신의 미학적 판단과 경험을 더해 최종 장면을 완성하며, AI와 인간의 협력적 창작 방식이 점점 보편화되고 있다(Neural.love, 2023).

영상의 연출 측면에서도 AI는 큰 역할을 한다. AI는 자연어 명령어를 통해 복잡한 카메라 앵글 조정, 배우 동작, 신 배치 등을 자동으로 처리할 수 있다. 이런 기술은 촬영 현장에서 경험적으로 관리되던 부분들을 디지털로 대체하며 더욱 정교하고 다양한 연출 옵션을 제공한다(Emizentech, 2025). 하지만 AI의 기술적 도움에도 불구하고 최종 연출 결정은 여전히 인간에게 달려있다. 감독은 전체 스토리와 감정 흐름을 고려해 AI가 제공하는 여러 연출안을 비교하고 자신만의 예술적 터치를 입힌다(LinkedIn, 2025). AI가 제공하는 시각적 가능성이 넓어짐에 따라 인간 연출가의 창의성과 세심한 판단은 오히려 더 중요해지고 있다(Viral Idea Marketing, 2025).

편집 부분 역시 AI가 혁신을 견인하고 있다. 장면 전환, 효과 적용, 색 보정, 인물 인식과 같은 기술적이고 반복적인 작업들이 AI에 의해 자동화되면서 영상 편집 시간은 크게 단축되었다(Editors Keys, 2025). 하지만 영상의 감성적 흐름과 내러티브의 일관성, 브랜드 메시지의 전달 등은 인간 편집자만이 다룰 수 있는 영역이다. AI가 자동 생성한 편집물을 바탕으로 인간 편집자는 감성과 예술적 완성도를 높이는 미묘한 수정을 가하며, AI와의 협력 속에서 최상의 결과물을 만들어 낸다(Viral Idea Marketing, 2025).

이처럼 AI가 영상 제작의 많은 반복 작업을 담당하는 사이, 인간 창작자는 AI의 조력자이면서도 주도적인 역할을 맡게 됐다. AI가 이해하기 쉬운 프롬프트를 설계하고, AI가 내놓은 결과물을 비판적으로 평가하며, 창의성과 예술적 의도를 더하는 'AI 디렉터'의 역할이다. 단순히 도구를 사용하는 수준이 아니라 AI와 함께 작품을 만들어가는 공동 창작자이자, 윤리적 문제와 사회적 책임도 부담하는 감시자 역할을 수행한다(LinkedIn, 2025). AI가 만드는 영상의 품질이나 윤리성 문제가 발생할 때 최종 책임은 인간에게 있으며, 이는 AI 영상 제작 생태계가 건강하게 발전하려면 반드시 필요한 부분이다.

결국 AI는 미장센, 연출, 편집에서 인간의 창의성을 보완해 생산성과 효율을 높이며, 인간은 AI가 할 수 없는 감성과 메시지, 예술적 판단을 통해 영상 제작의 완성도를 책임지는 관계가 공고해지고 있다. 이 협업 관계는 앞으로 영상 산업 전체에 걸쳐 창작의 새 시대를 열 것이다. 영상 제작의 미래는 AI와 인간이 함께 걸어가는 길이며, 이 동반자적 관계가 영상 예술을 한층 풍부하고 다채롭게 만들 것이다.

참고문헌

Bonacorso, B.(2025). Mise en Scène Cathay Pacific Cargo Embraces Generative AI. Motionographer.

Editors Keys(2025). How Artificial Intelligence is Changing Video Post-Production.

LinkedIn(2025). Stop Competing with AI Video Tools. Start Directing Them.

Neural.love(2023). Mise en scene, cinematic experimental portrait.

Pollo.ai(2025). How to Use Runway AI Video Generator: The Complete Guide.

Viral Idea Marketing(2025). How AI is Changing Video Editing (and Why Humans Still Matter).

04
멀티모달 스토리텔링

멀티모달 스토리텔링은 텍스트, 이미지, 사운드 등 다양한 감각 요소를 융합해 감각적 몰입과 상호작용을 극대화하는 콘텐츠 제작 방식이다. AI와 첨단 기술을 기반으로 시청각, 청각, 촉각 등 다양한 자극을 통합해, 사용자가 콘텐츠에 더 깊이 몰입하고 능동적으로 참여할 수 있게 한다. 이 방식은 정보 전달력과 감정 공감, 맞춤형 체험을 높여 교육, 마케팅, 엔터테인먼트 등 다양한 분야에서 주목받고 있다.

청각장애인과 AI?

멀티모달 콘텐츠 제작의 특징과 가치

멀티모달 콘텐츠 제작은 텍스트, 이미지, 사운드 등 다양한 감각 자극을 통합해 풍부하고 몰입감 높은 경험을 창출하는 특징을 지닌다. 기존의 단일 매체 기반 콘텐츠가 가진 한계를 극복하고, 여러 매체 요소들이 상호 보완적으로 결합되어 전달력을 극대화하는 것이 핵심이다. 텍스트와 이미지는 서사와 시각적 정보를 제공하고, 사운드는 감정과 분위기를 강화하여 사용자의 감각적 몰입을 높인다(Goldcast, 2024).

최근 발전한 대규모 멀티모달 언어 모델(MLLM)은 텍스트, 이미지, 음성, 심지어 동영상 데이터를 동시에 처리하고 분석하여 더욱 일관성 있고 심층적인 콘텐츠를 제작할 수 있도록 돕는다. 예를 들어, OpenAI의 대조 언어-이미지 사전 학습(CLIP, Contrastive Language-Image Pretraining)이나 구글의 미디어파이프(MediaPipe)와 같은 프레임워크는 서로 다른 데이터 유형 간 의미적 연관성을 효율적으로 파악해 자동 캡션 생성, 영상 요약, 이미지-텍스트 생성 등을 가능하게 한다(Milvus, 2025).

멀티모달 콘텐츠의 가치 중 하나는 다양한 학습 스타일과 관람 선호를 충족시켜 더 넓은 수용층에게 도달할 수 있다는 점이다. 시청각 자료는 시각적 이해를 돕고, 음성 및 음악 요소는 청각적 몰입을 지원함으로써, 복합적이고 다층적인 스토리텔링이 가능하다. 이에 따라 복잡한 정보와 감정을 효과적으로 전달할 수 있어 교육, 마케팅, 엔터테인먼트 분야에서 큰 활용도를 보인다(Meier, 2022).

또한 멀티모달 콘텐츠는 상호작용성을 확장해 사용자가 콘텐츠 내에서 능동적으로 참여하도록 유도한다. 예컨대 인터랙티브 오디오, 가상현실, 증강현실과 결합되어 몰입형 경험을 제공함으로써, 단순 소비를 넘어 실시간 반응과 피드백이 가능한 양방향 미디어로 발전하고 있다(Kim et al., 2024). 이러한 상호작용성은 사용자 경험을 심화시키고, 소통의 질을 향상시키며, 결과적으로 콘텐츠 효과성과 영향력을 배가시키는 역할을 한다.

최신 연구들은 멀티모달 스토리텔링에서 각 요소 간의 연관성과 맥락 이해가 중요하다고 강조한다. 예를 들어 슈아이 양(Shuai Yang) 등(2024)의 연구는 텍스트와 이미지가 번갈아 등장하는 긴 스토리 생성에서, 일관된 캐릭터 및 스타일 유지가 가능하도록 멀티모달 대형 언어 모델을 활용하여 신뢰성 높은 이야기를 완성했다. 이러한 통합적 접근은 멀티모달 콘텐츠의 품질을 판가름하는 중요한 기준이다.

종합하면, 멀티모달 콘텐츠 제작은 다양한 미디어 형

태가 융합하며 콘텐츠의 감각적 몰입과 확장된 상호작용성을 가능케 하고, 이를 통해 사용자 경험의 질과 효과를 극대화하는 혁신적 콘텐츠 전략이라고 할 수 있다. 앞으로 인공지능과 더불어 멀티모달 콘텐츠 제작은 더욱 정교해지고 사용자 맞춤형으로 발전할 전망이다.

특히 최근 멀티모달 콘텐츠 제작 환경은 단순히 매체 요소의 결합을 넘어, 인간의 인지 방식과 정서 반응을 깊이 분석한 데이터 기반 접근으로 발전하고 있다. 인간은 정보를 습득할 때 시각 · 청각 · 촉각 등 다양한 감각 신호를 통합적으로 처리하는 경향이 있으며, 대규모 멀티모달 언어 모델(MLLM, Multimodal Large Language Model) 기반 멀티모달 설계는 이러한 인지적 통합 과정을 기술적으로 모사해 보다 자연스러운 사용자 경험을 제공한다. 예를 들어 학습 환경에서 텍스트 설명에 시각 자료와 음향 효과가 적절히 결합되면 학습자의 정보 이해도와 기억 유지율이 높아지는 것으로 나타난다. 엔터테인먼트 분야 역시 시각적 상징, 음악적 리듬, 감정적 표현이 하나의 상황이나 캐릭터를 다층적으로 해석하도록 돕기 때문에 서사의 몰입감이 크게 강화된다.

또한 멀티모달 콘텐츠는 사용자 데이터를 기반으로 개인화 수준을 한층 높일 수 있다는 점에서 그 중요성이 더욱 커지고 있다. 알고리즘은 사용자의 시청 패턴, 시선 이동, 음성 반응 등을 분석해 개인별 선호도를 파악하고 이에 맞는 콘텐츠 구성을 자동으로 제안하거나 조정할 수 있다. 이는 고정된 스토리 구조를 넘어, 사용자별로 다른 방식으로 전개되는 '동적 이야기(dynamic narrative)'를 구현하는 데 중요한 기반이 된다. 교육 분야에서는 학습자의 이해도에 맞춰 설명의 난이도나 표현 방식이 자동 조절될 수 있으며, 마케팅 분야에서는 소비자의 감정 변화를 실시간으로 분석해 맞춤형 브랜드 경험을 제공할 수 있다.

나아가 멀티모달 콘텐츠 제작은 미래 미디어 환경에서 핵심 경쟁력으로 자리 잡을 것으로 전망된다. 생성형 AI는 이미지 · 텍스트 생성 단계를 넘어 동영상 · 음성 · 3D 오브젝트까지 통합적으로 생성할 수 있는 방향으로 발전하고 있어, 기존에 전문 제작자들이 수행하던 복잡한 작업을 자동화할 수 있게 되었다. 이는 제작 시간과 비용 절감은 물론, 다양한 창작 실험을 가능하게 하여 콘텐츠 산업 전반의 창의성과 다양성을 크게 확장시킨다. 특히 디지털 네이티브 세대가 선호하는 상호작용적이고 몰입형 콘텐츠의 수요가 증가함에 따라 멀티모달 기반 창작 역량은 점차 필수 기술로 부상하고 있다.

결국 멀티모달 콘텐츠 제작은 인간의 감각과 정서, 인지 구조를 가장 자연스러운 형태로 반영하려는 시도이며, 이는 디지털 미디어의 진화를 촉진하는 핵심 원동력이라고 할 수 있다. 과거에는 매체 간 경계를 넘는 통합이 기술적 한계로 인해 쉽지 않았지만, 생성형 AI와 멀티모달 모델의 고도화는 이러한 장벽을 빠르게 해체하고 있다. 앞으로의 연구와 산업 개발에서는 감각적 몰입의 질을 얼마나 정교하게 설계할 것인지, 상호작용성을 어떻게 윤리적이고 지속 가능한 방향으로 확장할 것인지가 중요한 과제가 될 것이다. 이러한 맥락에서 멀티모달 콘텐츠는 미래 디지털 사회의 커뮤니케이션 방식과 문화 생산 체계를 결정짓는 핵심 전략으로 자리매김할 것이다.

감각적 몰입과 상호작용성 확장 전략

감각적 몰입과 상호작용성 확장 전략은 멀티모달 콘텐츠가 더욱 효과적으로 사용자와 소통하고 깊은 경험을 제공할 수 있게 하는 핵심 방법론이다. 첫째, 감각적 몰입은 시각, 청각, 촉각 등이 복합적으로 자극되어 참여자가 콘텐츠 세계에 완전히 몰입하도록 돕는다. 예를 들어, 가상현실(VR)과 증강현실(AR) 기술은 3D 그래픽, 공간

음향, 햅틱 피드백 등을 활용해 사용자가 마치 실제 환경에 있는 듯한 느낌을 받게 한다(Steuer, 1992; Slater & Wilbur, 1997; Dinh et al., 1999). 이는 단순한 정보 전달에서 벗어나 감성적·신체적 참여를 유발하며 기억에 오래 남는 경험을 창출한다.

둘째, 상호작용성 확장은 사용자와 콘텐츠 간 양방향 통신을 가능케 한다. 전통적 수동적 콘텐츠 소비와 달리, 멀티모달 콘텐츠에서는 터치, 제스처, 음성 명령, 시선 추적 등 다양한 입력 방식을 통해 사용자가 환경에 개입하고 변화시키는 경험을 갖는다. 이는 사용자 주도성을 높이고 개인 맞춤형 체험을 가능하게 하여 몰입감을 극대화한다(Microsoft Research, 2024). 예를 들어, 인터랙티브 영상에서는 사용자의 선택에 따라 스토리가 달라지고, 음성 기반 AI는 자연스러운 대화를 통해 실시간 피드백을 제공한다.

또한 다중 감각을 동원하는 마케팅 전략에서 시각과 청각뿐 아니라 후각, 촉각 등 비주류 감각까지 적용해 복합적 몰입을 설계하는 사례가 증가하고 있다. 이로 인해 브랜드 경험은 더욱 풍성해지고, 고객의 기억과 감정을 효과적으로 자극하는 것으로 나타났다(Livewire, 2024). 감각적 경험의 설계는 관련 산업 전반에서 고객 참여와

만족도를 높이는 결정적 요소로 평가된다.

연구에 따르면, 멀티모달 인터랙션은 텍스트 기반 단일 모드에 비해 사용자 유지율과 대화 지속 시간이 뚜렷이 증가하는 효과가 있다. 3가지 이상의 모달리티가 결합된 대화 시스템에서 사용자 참여 지표가 특히 높게 나타나, 멀티모달 설계가 인지적 처리와 정보 이해를 최적화한다는 점이 증명됐다(Zhang et al., 2024). 이는 AI 대화형 시스템뿐 아니라 교육, 엔터테인먼트 등 다양한 분야에서 활발히 응용될 전망이다.

요약하면, 감각적 몰입과 상호작용성 확장 전략은 멀티모달 콘텐츠 제작에서 사용자 중심의 몰입형 경험을 설계하는 핵심축이다. 기술적 혁신과 창의적 설계가 결합해 감성적 깊이와 참여도를 높이며, 미래 디지털 콘텐츠의 새로운 표준으로 자리 잡아가고 있다.

감각적 몰입과 상호작용성의 중요성은 디지털 콘텐츠의 소비 방식이 변화함에 따라 더욱 강조되고 있다. 특히 사용자 참여를 기반으로 하는 콘텐츠 환경에서는 단순한 시청 경험만으로는 충분하지 않으며, 사용자 스스로가 콘텐츠의 일부가 되고 경험을 능동적으로 구성할 수 있도록 하는 설계가 필수적이다. 이러한 관점에서 멀티모달 기술은 시각 · 청각 · 촉각뿐 아니라 행동 데이터와 생체 반응 데이터를 통합적으로 활용해 사용자와 콘텐츠 사이의 상호작용을 정교화하는 핵심 도구가 되고 있다.

예를 들어, 최신 인터랙티브 콘텐츠는 사용자의 음성 톤 변화, 시선의 움직임, 반응 속도 등을 기반으로 콘텐츠의 난이도나 전개 속도를 조절할 수 있다. 이는 이전의 미디어 환경에서는 불가능했던 세밀한 맞춤형 경험을 실현하는 요소이며, 사용자가 경험의 주체가 된다는 점에서 몰입을 한층 강화한다. 이러한 시스템은 교육 분야에서는 학습자의 집중도와 이해도에 맞춘 자동 피드백 제공에 활용될 수 있으며, 엔터테인먼트 분야에서는 사용자 감정에 따라 전개가 변하는 스토리 구조를 구현하는 데 응용될 수 있다.

더 나아가, 감각적 몰입 전략은 단순한 시각 · 청각 자극을 넘어서 신체적 반응을 유도하는 방식으로 확장되고 있다. 예컨대 햅틱 장치는 실제 접촉이나 물리적 반응을 흉내 내어 사용자에게 현실감을 제공하며, 뜨겁거나 차가운 감각을 모사하는 온도 기반 인터페이스도 연구되고 있다. 이러한 기술은 가상현실 체험에서 신체적 이질감을 줄이고, 사용자가 가상 환경을 현실처럼 받아들이도록 돕는 중요한 역할을 한다.

상호작용성의 확장 역시 콘텐츠 제작 방식에 큰 변화

를 가져오고 있다. 기존 콘텐츠는 제작자가 정한 서사를 따라가는 방식이었지만, 이제는 사용자가 선택을 통해 서사를 재구성하거나 전혀 다른 경험을 만들어 낼 수 있다. 이는 게임 · 엔터테인먼트 분야뿐 아니라 광고, 온라인 교육, 원격 협업 등 다양한 산업에서 새로운 가치 창출의 기반이 되고 있다. 특히 AI가 사용자의 반응을 실시간 분석해 콘텐츠를 조정하는 기술은 사용자 경험을 지속적으로 최적화할 수 있어 미래 미디어의 표준으로 자리 잡을 전망이다.

궁극적으로 감각적 몰입과 상호작용성 확장 전략은 사용자와 콘텐츠 사이의 경계를 허물고, 사용자가 콘텐츠의 일부가 되도록 하는 방향으로 발전하고 있다. 이러한 변화는 디지털 콘텐츠 산업 전반의 패러다임을 전환시키는 요소이며, 향후 연구와 개발에서는 사용자 감정 분석, 윤리적 상호작용 설계, 지속적인 피드백 구조 구축 등이 핵심 과제로 제시될 것이다. 이처럼 멀티모달 기반의 감각 · 상호작용 전략은 단순한 기술적 선택을 넘어, 미래 디지털 미디어 경험의 질을 결정하는 중요한 기준으로 자리매김하고 있다.

참고문헌

Dinh, H. Q. et al.(1999). Evaluating the importance of multi-sensory input on memory and the sense of presence in virtual environments. Proceedings of IEEE Virtual Reality, 222~228.

Goldcast(2024). Why Multimodal is the Best Type of Content Marketing.

Makransky, G., & Petersen, G. B.(2019). Immersive virtual reality and learning: A meta-analysis. Educational Psychology Review, 31, 1~23.

Meier, S.(2022). Digital Storytelling: A Didactic Approach to Multimodal Coherence. *Frontiers in Communication, 7.*

Microsoft Research(2024). Interactive Multimodal AI Systems (IMAIS).

Milvus(2025). How can multimodal AI improve content creation?

Slater, M., & Wilbur, S.(1997). A framework for immersive virtual environments (FIVE): Speculations on the role of presence in virtual environments. Presence: Teleoperators & Virtual Environments, 6(6), 603~616.

Steuer, J.(1992). Defining virtual reality: Dimensions determining telepresence. Journal of Communication, 42(4), 73~93.

Yang, S. et al.(2024). SEED-Story: Multimodal Long Story Generation with Large Language Model.

05
창작 윤리와 저작권 쟁점

창작 윤리와 저작권 쟁점은 생성형 AI 창작물의 저작권 귀속 문제, 학습 데이터 활용, 그리고 공정 이용 문제로 구성된다. 현재 AI 자체에는 저작권이 인정되지 않아, 저작권은 AI를 활용한 인간 창작자가 보유하는 것이 일반적이다. 그러나 AI가 독립적으로 만든 창작물의 소유권 문제는 불명확하다. 학습 데이터 문제는 무단 저작물 활용과 데이터 출처 투명성, 권리 보호가 핵심이다. 공정 이용 기준과 국제적 규제 동향, 윤리적 딜레마도 함께 고려되어야 한다. 이로 인해 법적 · 윤리적 가이드라인 마련이 긴요하다.

AI 콘텐츠 크리에이터?

생성형 AI 창작물의 저작권 귀속과 학습 데이터 활용 쟁점

생성형 AI가 만들어 내는 창작물에 대한 저작권 귀속과 학습 데이터 활용 문제는 현재 지식재산법 분야에서 가장 뜨거운 쟁점 중 하나다. 현행 저작권 체계는 '인간 저작자'를 전제로 설계되어 있기 때문에, AI가 독립적으로 생성한 콘텐츠에 저작권을 부여하는 데 법적 한계가 있다. 미국 연방지방법원 등 여러 판례는 인간의 창의적 기여 없이는 저작권을 인정할 수 없다고 판단하고 있다. 예를 들어, 미국 워싱턴 D.C. 연방지방법원은 AI 시스템이 생성한 예술 작품에 대해 저작권 등록을 거부한 저작권청의 결정을 합법으로 인정했다. 이는 AI 자체가 저작권 주체가 될 수 없고, 인간의 창작적 개입이 반드시 있어야 저작권이 성립된다는 원칙을 재확인한 사례다.

한편 AI가 창작 과정에서 단순 도구 역할에 그치고 인간이 독창적인 기여를 하는 경우에는 그 사람이 저작권을 갖게 된다. 하지만 AI가 독자적으로 생성한 산출물에 대해서는 무주물 상태로 간주되어 누구도 저작권자가 되기 어렵다. 이에 따라 AI와 인간이 협업하여 만든 창작물이나 인간이 AI의 산출물을 편집·변형해 독창성을 부여한 경우에만 저작권 보호가 가능하다는 견해가 학계와 판례에서 확산되고 있다.

학습 데이터 활용 문제 역시 저작권 쟁점의 핵심이다. 생성형 AI들은 방대한 양의 자료를 학습하는데, 이 데이터들에는 저작권 보호를 받는 텍스트, 이미지, 음악 등이 다수 포함된다. 이러한 저작물을 AI가 무단으로 수집·학습하는 것은 저작권 침해 소지가 크지만, 법체계는 이 문제를 명확히 규정하지 못하고 있다. 미국 등 몇몇 국가들은 AI 학습 시 저작물 사용이 '공정 이용'에 해당하는지 여부를 두고 법원 판결이 갈리고 있다. 최근 미국 캘리포니아 북부 연방지방법원은 일부 판결에서 AI가 저작물을 학습한 행위가 '매우 변형적'이며, 창작의 일환으로 인정되어 공정 이용에 해당한다고 판단했다. 반면, 같은 미국 내 다른 법원은 AI 학습 데이터 사용이 저작권 침해라고 본 경우도 있어 대법원의 통일된 해석이 필요한 상황이다.

한국을 비롯한 여러 국가에서도 생성형 AI의 학습 데이터 내 저작권자 권리 보호와 데이터 출처 투명성이 중요한 정책 이슈로 대두되고 있다. 특히, 학습 데이터에 대한 권리자 동의 없이 활용하는 것이 현실적으로 쉽지 않은 점, 그리고 저작권 보호와 AI 산업 혁신 간 균형을 맞춰야 하는 점에서 어려움이 크다. 유럽연합은 AI법

(Artificial Intelligence Act) 초안을 통해 AI 개발자가 학습에 사용한 데이터의 저작권 현황을 공개하도록 요구해 정보의 투명성을 높이고, 저작권 침해 가능성에 대비하는 방안을 추진하고 있다.

요약하면, 생성형 AI 창작물에 대한 저작권 귀속 문제는 인간 창작자의 권리 보호와 AI의 독립 창작 인정 사이의 경계 설정이 핵심이며, 학습 데이터 활용 문제는 저작권 침해 여부를 가리는 법적 · 윤리적 해석이 현재진행형이다. 국제적으로는 미국의 '공정 이용' 중심 접근법과 유럽연합의 엄격한 저작권 보호 조치가 대조를 이루며, 글로벌 차원의 조화로운 규제와 협력이 매우 중요한 과제로 지적되고 있다.

이러한 논의는 생성형 AI의 산업 발전과 창작자 권리 보호라는 두 축 사이에서 균형 있는 해법을 모색하는 과정으로, 앞으로 법제도 개선과 판례 축적이 더욱 필요하다. 생성형 AI가 창작 및 데이터 활용 과정에서 윤리적 책임과 투명성을 갖도록 하는 사회적 합의 역시 병행되어야 한다.

국제적 규제 동향과 생성형 AI 윤리적 딜레마

생성형 AI가 빠르게 발전함에 따라 국제 사회는 이에 대한 규제 체계 구축과 윤리적 문제 해결에 적극 나서고 있다. 생성형 AI 기술은 자연어 처리, 이미지 · 영상 생성 등 다양한 영역에서 혁신적 가능성을 제시하지만, 동시에 개인정보 침해, 저작권 문제, 허위 정보 생성, 편향성 문제 등 복합적인 윤리적 딜레마를 낳고 있다. 이에 각국 정부와 국제기구는 AI 활용의 투명성, 안전성, 공정성, 책임성 확보를 목표로 규제 법안을 제정하거나 정책 방향을 모색하고 있다.

유럽연합(EU)은 대표적인 AI 규제 선도 주체로, 2024년 3월 통과된 '인공지능법(AI Act)'을 통해 세계 최초로 생성형 AI를 포함한 AI 시스템 전반에 걸친 포괄적 법적 틀을 마련했다. 이 법안은 AI 시스템을 '고위험', '제한적 위험', '최소 위험' 등으로 구분하고, 고위험 AI에 대해서는 사전 인증, 투명성 및 책임성 강화, 개인정보 보호 및 편향성 최소화 조치를 요구한다. 특히 생성형 AI가 사용하는 학습 데이터의 출처와 저작권 상태를 명확히 공개하도록 하여 불법적 데이터 활용과 저작권 침해 위험을 줄이는 노력을 병행한다. 또한 AI가 생성한 콘텐츠에 출처 표시 등 투명성을 강화하는 조항도 포함하고 있어 법적 책임 소재가 명확해진다.

미국은 연방 차원에서의 포괄적 AI 규제 법안은 아직

미비하지만, 주별로 다양한 법률이 존재하며 저작권과 개인정보 보호 법리가 공정 이용의 틀 내에서 AI 학습 데이터 문제를 다루고 있다. 미국 저작권청은 생성형 AI의 학습에 이용된 저작물에 대해 '변형적 이용' 관점에서 공정 이용 범위를 확장하는 판례를 잇달아 내놓아 AI 기술 발전과 저작권 보호 간 균형을 시도하고 있다. 그러나 공정 이용의 법리 적용 여부와 범위에 대해 각 주 법원의 해석이 다소 엇갈려 명확한 기준 마련이 요구된다. 또한 미국 캘리포니아주 상원 법안 942호(SB-942, Senate Bill 942) 같은 주별 법안은 AI가 만든 콘텐츠임을 명시하고 AI 도구 제공자의 책임을 강조하는 규제를 도입해 생성형 AI의 투명성 확보에 초점을 맞추고 있다.

중국은 사이버보안법, 데이터보안법, 개인정보보호법 등 '데이터 3법'을 통해 데이터와 개인정보 보호를 엄격히 규제하며, AI 산업 발전과 맞물린 국가 차원의 규제 시스템을 구축하고 있다. 중국 규제는 데이터 주권과 국가 안보를 중시하며, AI의 데이터 학습에 적용되는 법적 책임과 관리 감독을 강화하고 있다.

한국은 2024년부터 AI 기본법 제정을 준비하며, 산업 진흥과 함께 AI 기술의 윤리적 활용 및 사회적 책임을 강조하는 방향으로 정책을 추진 중이다. 생성형 AI로 인한 저작권과 개인정보 문제, 공정 이용 범위를 명확히 하고, 국제 규제 동향을 면밀히 분석해 국내 법제도 개선을 도모하고 있다. 개인정보 보호 및 공정 이용 관련 가이드라인과 윤리 규범 마련도 병행하고 있다.

생성형 AI 윤리적 딜레마는 기술 발전이 낳는 새로운 사회적 문제점들로 요약된다. 먼저, 생성형 AI가 허위 정보나 편향적 콘텐츠를 생산해 사회 불신과 갈등을 초래할 우려가 크다. 향후 생성형 AI가 미세 조작된 딥페이크 영상, 가짜 뉴스 등을 대량 생산하게 되면 공론장의 신뢰성이 저해될 수 있다. 또한 AI가 기존 데이터의 편향성을 무비판적으로 학습해 결과물에 차별적 요소를 포함시킬 가능성도 크다. 예컨대 인종, 성별, 연령 등 특정 집단에 대한 편견이 AI의 판단 및 생성 콘텐츠에 반영되면서 사회 통합에 악영향을 미칠 수 있다는 점에서 윤리적 주의가 요구된다.

개인정보 침해 문제도 생성형 AI 윤리 논의의 핵심이다. AI 학습 과정에서 수집된 개인정보가 적절한 동의 없이 활용될 경우 개인의 프라이버시가 심각하게 침해될 위험이 높다. 이에 AI 개발자들은 데이터 보호 조치를 강화하고, 사용자가 AI가 처리하는 개인정보에 대해 알 권리와 통제권을 갖도록 해야 한다는 목소리가 높다. 책임 소재와 투명한 운영 체계 마련이 필요하다.

저작권과 지적재산권 침해 문제도 윤리적 딜레마를 심화시킨다. AI가 기존 창작자의 작품을 무단으로 사용해 새로운 콘텐츠를 만드는 과정에서 원작자의 권리가 훼손될 수 있으며, 이는 창작 생태계의 근간을 흔들 우려를 낳는다. 이로 인해 AI 창작물에 대한 책임 소재와 보상 체계가 필요하다. 저작권법 개정과 투명한 라이선스 관리, AI 콘텐츠 출처 표기 의무 등이 윤리적 문제 해결책으로 제안된다.

이처럼 생성형 AI의 국제적 규제 동향과 윤리적 딜레마 문제는 AI 기술의 무분별한 확산을 막고 안전하고 신뢰할 수 있는 AI 생태계를 조성하기 위한 필수 과정이다. 국가별로 차이는 있으나, 개인정보 보호, 저작권 보호, 투명성 강화, 그리고 AI의 편향성과 책임 문제 해결이 공통된 규제 방향으로 나타난다. 국제기구와 국가 간 협력을 통해 글로벌 AI 거버넌스 구축과 통일된 윤리 기준 마련이 시급하다.

앞으로의 정책 방향은 AI 기술 발전과 사회적 책임의 균형을 모색하며, 기술의 혁신성이 사회적 가치를 훼손하지 않도록 지속적인 감시와 규제, 윤리 교육이 병행되어야 한다. 생태계 내 다양한 이해관계자의 참여와 AI 윤리 설계(Ethical by Design) 원칙 적용이 확대되어야 AI가 보다 책임 있게 활용될 수 있을 것이다.

참고문헌

공익웹진(2025). “AI가 만든 그림, 도둑질인가 창작인가?”. 경기도공익활동지원센터.

대한민국 국회(2025). 「인공지능 기본법」.

박성호(2023.3.16). “(15) AI 생성물의 저작물성 및 저작권 귀속 문제”. 법률신문.

Andersen v. Stability AI, Midjourney, DeviantArt, No. 3:23-cv-00201(N.D. Cal. 2023).

Andersen v. Stability AI, Midjourney, DeviantArt, No. 3:23-cv-00201(N.D. Cal. 2023).

California Legislature(2024). California AI Transparency Act (SB-942).

Doe 1 et al. v. GitHub, Inc., No. 3:22-cv-06823(N.D. Cal. 2022).

European Union(2024). Artificial Intelligence Act. European Parliament & Council.

Jones Day(2024). California Enacts AI Transparency Law Requiring Disclosures for AI Content. Jones Day.

Orrick(2025). Navigating the California AI Transparency Act: New Contract Requirements.

Standing Committee of the National People's Congress(2017). Cybersecurity Law of the PRC.

Standing Committee of the National People's Congress(2021a). Data Security Law of the PRC.

Standing Committee of the National People's Congress(2021b).

Personal Information Protection Law(PIPL).
Thaler v. Perlmutter, No. 1:22-cv-01564(D.D.C. 2023).
U.S. Copyright Office(2023). Copyright Registration Guidance: Works Containing Material Generated by Artificial Intelligence.

06

비즈니스 모델 혁신

AI 자동화는 기업의 비용과 시간을 절감하며 광고 · 마케팅 · 브랜디드 콘텐츠에서 새로운 수익 모델을 창출한다. 반복 업무 효율화로 인건비를 낮추고, 고객 데이터 기반 맞춤형 마케팅을 자동화해 광고 효과를 극대화한다. 생성형 AI는 콘텐츠 제작 비용과 시간을 줄이고 개인 맞춤형 홍보물 생산을 가능하게 한다. 글로벌 기업들은 AI 광고와 자동화 플랫폼으로 매출 증대와 고객 경험 혁신을 동시에 달성하고 있으며, AI는 비즈니스 모델 전반의 경쟁력을 강화하고 있다.

AI와 민주주의?

AI 자동화를 통한 비용 절감과 시간 효율화

AI 자동화는 현대 기업이 비용을 절감하고 시간을 효율화하는 데 핵심 역할을 하고 있다. AI는 반복적이고 규칙 기반의 업무를 자동화함으로써 인건비와 운영 비용을 크게 줄이고, 업무 프로세스를 빠르게 수행하여 전체적인 생산성을 향상시킨다. 글로벌 금융 기업들은 AI 리스크 관리 시스템 도입을 통해 운영 비용을 최대 25%까지 절감하였으며, 고객 서비스 분야에서는 AI 챗봇을 활용해 상담원 인건비를 최대 90%까지 줄이는 성과를 냈다. 제조업체들은 AI 시스템을 도입하여 생산 과정의 불량률을 줄이고 공정을 최적화함으로써 비용 절감과 생산성 향상을 동시에 달성하고 있다.

AI 자동화는 또한 업무 시간을 획기적으로 단축시키는 역할을 한다. 데이터 분석, 문서 작성, 일정 관리 같은 복잡한 업무들이 AI에 의해 신속하게 처리되면서 직원들은 보다 전략적이고 창조적인 업무에 집중할 수 있는 환경이 조성된다. 예를 들어, 삼성SDS는 AI '브리티 코파일럿'을 활용해 회의록 작성 시간을 75%, 이메일 작성 시간을 66% 단축했고, 미래에셋증권은 AI 어시스턴트 도입으로 업무 생산성을 20~40% 향상시켰다.

구체적인 기업 사례를 보면, 글로벌 소비재 기업은 AI

마케팅 자동화를 통해 약 2억 5000만 유로에 달하는 비용 절감 효과를 기대하고 있으며, AI를 활용한 콘텐츠 제작 속도 향상과 대행사 비용 효율화를 실현하였다. 글로벌 자산 운용사는 AI 고객 응대를 통해 운영 비용을 3분의 1 수준으로 낮추고 약 1억 달러 규모의 비용 절감 효과를 이뤘다. 또한 아마존은 AI 기반 물류 데이터 실시간 분석을 통해 재고 관리와 배송 경로를 최적화하여 물류 비용을 절감하고 신속한 배송 체제를 구축하였다. 이처럼 AI 자동화는 단순한 효율화 수준을 넘어, 기업이 시장 변화에 민첩하게 대응하고 데이터 기반 의사 결정을 강화할 수 있는 핵심 전략으로 자리 잡고 있다.

또한 최근에는 AI 자동성이 조직 운영 전반으로 확장되며, 경영진의 의사 결정 지원과 리스크 사전 예측 기능까지 포함하는 방향으로 진화하고 있다. 예컨대, 공급망 관리 분야에서는 AI가 수요 변동과 외부 리스크 요소를 실시간으로 감지하여 생산량 조정과 비용 계획에 직접적인 도움을 주고 있으며, 인사·재무 부문에서도 업무 자동화와 예측 분석을 결합해 보다 정교한 운영 전략 수립이 가능해지고 있다.

물론 AI 자동화 도입은 초기 투자와 조직 내 변화에 따른 저항, 데이터 품질 관리, 보안 문제 등 여러 도전 과제를 수반한다. 그러나 클라우드 기반 AI 서비스, 오픈소스 모델, 하이브리드 자동화 구조가 확산되면서 중소기업을 포함한 다양한 조직이 비교적 낮은 비용과 위험으로 AI 기술을 도입할 수 있는 환경이 마련되고 있다. 앞으로는 기술 도입뿐 아니라 조직 문화 변화, AI 리터러시 교육, 직무 재설계, 윤리적 AI 운영 체계 확립 등이 필수 조건이 될 것이다.

궁극적으로 AI 자동화는 기업의 비용 구조를 혁신하고 시간 효율을 극대화하여 경쟁력을 높이는 전략적 수단으로 자리매김하고 있으며, 산업 전반의 업무 방식과 가치 창출 구조를 근본적으로 재편하는 핵심 동력이 되고 있다.

광고·마케팅 및 브랜디드 콘텐츠에서 AI 기반 수익 창출과 기업 사례

디지털 전환이 가속화되는 가운데 AI는 광고와 마케팅 산업의 핵심 혁신 요소로 떠오르고 있다. AI는 대규모 데이터를 실시간으로 분석해 소비자 행동을 예측하고, 개인별 맞춤형 콘텐츠를 제공함으로써 전통적 마케팅의 한계를 극복하고 있다. 글로벌 시장 조사에 따르면 AI를 활용한 광고 캠페인은 평균 클릭률(CTR)이 일반 광고 대비 2.5배 높으며, 캠페인 투자 대비 수익률(ROI)이 44% 증가하는 효과가 나타났다. AI 마케팅 도입 기업은 매출 20% 증가, 고객 이탈률 30% 감소 등 경영 성과 개선을 경험했다.

글로벌 IT 대기업들은 AI를 적극 활용해 광고 효율과 매출 성장을 견인한다. 구글은 광고 매출에서 AI 기반 타기팅과 콘텐츠 자동 최적화를 통해 광고 수익을 꾸준히 확대하고 있으며, 올해 2분기에만 광고 매출이 전년 대비 10% 증가했다. 아마존 광고 플랫폼도 AI를 활용해 광고 위치 선정 및 고객 맞춤형 추천을 강화하여 클릭률과 전환율이 동시에 상승했다. 메타(Meta)는 AI 기반 알고리즘으로 광고 전환율을 높이고 운영 효율을 개선한 결과 광고 매출이 21% 증가했으며, CEO 마크 저커버그는 AI가 광고 시스템의 수익 개선에 핵심 역할을 했다고 밝힌 바 있다.

국내에서는 HS애드가 AI 마케팅 플랫폼 '대시AI'를 도입해 광고 제작 자동화와 성과 분석을 최적화하고 있다. 이 플랫폼은 광고 제작의 약 80% 과정을 맡으며 광고 수익과 거래액을 70% 이상 증가시키는 성과를 냈다. 이노션 역시 생성형 AI 기반 제작 시스템을 구축해 제작 비용과 시간을 대폭 절감하고, 동일한 기간 동안 더 많은 캠페인 콘텐츠를 생산할 수 있게 됐다. 현대자동차는 AI 복원 기술을 활용한 브랜드 스토리텔링을 시도하며, 울산 전기차 공장 착공식 등 대형 행사에서 차별화된 콘텐츠 전략을 선보였다.

브랜디드 콘텐츠 분야에서도 AI는 영상, 소셜 미디어, 웹툰 등 다양한 형식으로 자동 제작을 지원하며 소비자 참여도를 크게 높이고 있다. 토스의 '머니그라피' 유튜브 채널은 AI 제작 콘텐츠 기반 바이럴 전략으로 높은 조회수와 참여를 확보했으며, 에이피크리에이티브와 협업한 한스케익은 AI 제작 '인스타툰'을 통해 크리스마스 케이크 사전 예약이 5배 이상 증가하는 결과를 얻었다. 이러한 사례는 AI가 단순 제작 도구를 넘어 소비자 감정 · 행동 분석을 기반으로 브랜드 경험을 정교하게 설계하는 핵심 기술로 자리 잡고 있음을 보여 준다.

AI는 데이터 기반 인사이트를 통해 넷플릭스, 세포라(Sephora) 등 글로벌 브랜드에 개인 맞춤형 추천 및 고객 경험 향상을 지원한다. 생성형 AI 모델(GPT-4 등)은 텍스트, 이미지, 영상 콘텐츠 제작을 자동화하여 마케팅 운영 비용을 절감하고 속도를 5~10배 향상시킨다. A/B 테스트, 메시지 최적화, 고객 반응 예측까지 전 과정이 자동화되면서 마케터의 의사 결정이 보다 빠르고 정밀

해졌다.

특히 국내 플랫폼 기업 몰로코는 AI 기반 광고 솔루션을 통해 쿠팡이츠, 당근마켓 등과 협업하며 소비자 도달률과 매출 증대를 견인하였다. 광고주는 매체별 성과를 실시간으로 모니터링하며 예산 효율성을 극대화할 수 있고, 마케터는 반복적인 운영 업무를 자동화해 전략적 기획과 분석에 더 많은 시간을 투자할 수 있게 됐다. 이처럼 AI 기반 자동화 시스템은 광고의 경제성과 생산성을 동시에 향상시키는 핵심 요인으로 자리매김하고 있다.

더 나아가 AI는 감정 분석, 크리에이티브 생성, 고객 여정 전체의 예측 모델링까지 지원하며 마케팅 패러다임을 전환시키고 있다. AI의 발전은 브랜드가 고객과 상호작용하는 방식을 근본적으로 재정의하고 있으며, 기업들은 이를 활용해 시장 점유율 확대, 충성도 강화, 지속 가능한 고객 관계 구축에 박차를 가하고 있다. 기술 생태계가 더욱 고도화됨에 따라 AI 기반 광고와 브랜디드 콘텐츠의 성공 사례는 앞으로도 지속적으로 증가할 것이며, 이는 기업의 비즈니스 경쟁력 확보에 매우 중요한 전략적 요소가 될 것이다.

참고문헌

Brynjolfsson, E. et al.(2021). The productivity J-curve: How intangibles complement general purpose technologies. American Economic Journal: Macroeconomics, 13(1), 333~372.

Bughin, J. et al.(2018). Notes from the AI frontier: Modeling the impact of AI on the world economy. McKinsey Global Institute Discussion Paper.

Davenport, T. H., & Ronanki, R.(2018). Artificial intelligence for the real world. Harvard Business Review, 96(1), 108~116.

Davenport, T. H. et al.(2020). How artificial intelligence will change the future of marketing. Journal of the Academy of Marketing Science, 48(1), 24~42.

Dwivedi, Y. K., et al.(2021). Artificial intelligence (AI): Multidisciplinary perspectives on emerging challenges, opportunities, and agenda for research, practice and policy. International Journal of Information Management, 57, 101994.

Huang, M.-H., & Rust, R. T.(2018). Artificial intelligence in service. Journal of Service Research, 21(2), 155~172.

Jarrahi, M. H.(2018). Artificial intelligence and the future of work: Human-AI symbiosis in organizational decision making. Business Horizons, 61(4), 577~586.

Kietzmann, J. et al.(2018). Artificial intelligence in advertising: How marketers can leverage AI along the consumer journey. Journal of Advertising Research, 58(3), 263~267.

Manyika, J. et al.(2017). A future that works: Automation, employment, and productivity. McKinsey Global Institute.

Ransbotham, S. et al.(2020). Reshaping business with artificial intelligence. MIT Sloan Management Review, 61(4), 1~17.

Salesforce(2023). State of Marketing Report 2023. Salesforce Research.

Shankar, V.(2018). How artificial intelligence (AI) is reshaping retailing. Journal of Retailing, 94(4), vi~xi.

Wamba, S. F. et al.(2021). Artificial intelligence in business: State of the art and future research agenda. International Journal of Information Management, 57, 102211.

07
AI 콘텐츠 창업 전략

AI 기술이 콘텐츠 산업의 판도를 바꾸면서, 창업 생태계에도 근본적인 변화가 일어나고 있다. 과거에는 수억 원의 자본과 대규모 인력이 필요했던 콘텐츠 비즈니스가 이제 소규모 팀이나 1인 창작자도 시작할 수 있는 영역이 되었다. 생성형 AI는 단순히 제작 비용을 낮추는 도구를 넘어, 완전히 새로운 비즈니스 모델과 수익 구조를 가능하게 만들고 있다.

AI와 애니메이션?

스타트업과 개인 창작자의 AI 콘텐츠 창업 기회 분석

스타트업과 개인 창작자에게 생성형 AI는 콘텐츠 창업의 새로운 기회를 확장하고 있다. AI 기술 발전으로 콘텐츠 제작에 필요한 초기 비용과 기술 진입 장벽이 크게 낮아지면서 소규모 창업자들도 빠르게 고품질 멀티미디어 콘텐츠를 개발하고 시장에 진입할 수 있게 됐다. 예컨대 텍스트, 이미지, 영상, 음악 등 다양한 유형의 콘텐츠가 AI를 통해 자동 생성됨에 따라, 이를 기반으로 한 스타트업과 개인이 온라인 플랫폼과 미디어, 전자상거래 광고 등 다양한 분야에서 신규 비즈니스 모델을 펼치고 있다. 이러한 AI의 도움으로 창작자들은 제작 시간을 단축하고 비용을 절감할 수 있으며, 반복적인 작업을 AI가 대신하면서 창의적 설계와 기획에 집중할 수 있다.

시장 진입 기회도 AI 덕분에 확대되고 있다. AI 기반 데이터 분석으로 소비자 선호와 시장 동향을 실시간으로 파악해 타깃 고객을 효율적으로 공략할 수 있고, 소셜 미디어 및 스트리밍 플랫폼과의 결합으로 맞춤형 디지털 마케팅이 가능해졌다. 특히 팬데믹 이후 온라인 교육이나 헬스케어 등 산업과의 융합이 늘면서, AI 튜터링이나 AI 건강관리 콘텐츠 서비스 스타트업이 빠르게 성장하고 있다. 한국의 AI 교육 스타트업인 '뤼이드(Riiid)'는 AI를 활용해 사용자 맞춤형 학습 자료와 피드백을 제공하며, 이미 글로벌 시장에서 호평을 받는 사례다.

개인 창작자의 경우 AI 도구를 활용해 '1인 창업' 혹은 '솔로프러너'로 불리는 신규 창업 모델이 활성화되고 있다. 미국의 조시 모어는 AI를 활용해 음성 요약 앱 '웨이브 AI'를 8개월 만에 월 매출 33만 달러 기업으로 성장시켰으며, 이를 위해 코딩 초보자임에도 챗GPT를 활용해 개발과 마케팅을 직접 수행하였다. 이스라엘 개발자가 설립한 '베이스44'는 6개월 만에 1100억 원대 매각에 성공하는 등 AI를 활용한 개인의 창업과 기업 가치 증대 사례가 속속 발표되고 있다. AI 덕분에 개발 역량 부족이나 인프라 한계가 큰 걸림돌로 작용하지 않으며, 누구나 맞춤형 AI 솔루션을 이용해 자체 콘텐츠를 제작 · 운영할 수 있다.

투자 유치 측면에서도 AI 콘텐츠 스타트업은 전 세계적으로 큰 관심을 받고 있다. 창업 초기에는 혁신적인 AI 기술력과 실행력, 명확한 비즈니스 모델을 갖추는 것이 중요하며, 엔젤 투자자부터 시리즈 A, B 단계까지 체계적으로 자금을 확보하는 전략이 필요하다. 예를 들어 한국의 AI 스타트업 '달파(Dalpha)'는 대학 동문 4명이 공동 창업해 기업 맞춤형 AI 에이전트를 제공하며 120억 원 규모의 투자를 유치, 미국 시장에서 활발히 사업을 확장 중이다. AI 스타트업 투자자들은 기술의 독창성과 시장 성장 잠재력, 뛰어난 실행력을 중요하게 평가한다. 정부 및 민간에서도 AI 콘텐츠 분야 창업 지원 프로그램을 운영해 청년 창작자 취·창업을 집중 지원하고 있으며, 산업 경쟁력 강화와 글로벌 진출을 위한 발판을 제공한다.

도전 과제로는 AI 기술 학습 비용, 저작권 문제, 기술 완성도 확보, 그리고 창작 생태계 내 경쟁 과열 등이 있지만, 비대면 플랫폼과 AI 교육 확대로 이러한 문제를 극복하려는 움직임이 지속되고 있다. 다양한 연계 프로그램과 인큐베이션 시설, AI 기반 협업 도구 등이 스타트업과 개인 창작자의 성공 가능성을 높이고 있다. 특히 AI를 활용한 개인화 서비스와 디지털 경험이 차별화의 핵심으로 떠오르며, 혁신적 창업 아이디어에 AI 기술을 접목하는 방식이 확산되고 있다.

요컨대, 생성형 AI는 콘텐츠 창업 생태계 전반에 걸쳐 새로운 기회를 창출하고 있으며, 스타트업과 개인 창작자 모두에게 빠른 시장 진입과 혁신적 사업 모델 개발의 기반을 제공한다. 기술 발전과 더불어 효과적인 투자 유치 전략, 차별화된 콘텐츠 개발, 그리고 강력한 시장 진입 전략을 병행할 때 AI 콘텐츠 창업은 디지털 경제의 핵심 동력으로 성장할 것이다.

투자 유치와 시장 진입을 위한 차별화 전략

AI 콘텐츠 스타트업과 개인 창작자가 투자 유치와 시장 진입에서 차별화된 경쟁력을 확보하기 위해서는 명확하고 검증 가능한 기술적 우위, 독자적인 데이터 및 알고리즘 구축, 그리고 구체적인 시장 문제 해결 전략이 절대적이다. 실제 투자자들은 기술의 독창성과 함께, 얼마나 실질적인 고객 가치 제공이 가능한지에 집중하며, 이와 동시에 사업 확장 가능성과 수익 모델 현실성이 명확한 스타트업을 선호한다. 트웰브랩스는 AI 영상 인식 분야에서 국제적으로 인증받은 기술력을 바탕으로 대형 전략적 투자자들을 유치하며 1100억 원 규모에 달하는 투자를 유치, 빠르게 사업을 성장시킨 대표적 성공 사례다.

AI 스타트업이 시장에서 성공하기 위해서는 독점적인 기술 역량만으로는 충분하지 않으며, 사용자 요구에 밀착한 문제 인식과 이에 기반한 제품-시장 적합성(Product-Market Fit, PMF)의 확보가 핵심 조건으로 강조된다(Blank, 2013; Ries, 2011). 특히 초기 스타트업의 경우, 광범위한 시장을 목표로 하기보다 특정 문제와 수요가 분명한 틈새시장에 특화된 비즈니스 모델을 채택하는 것이 초기 진입 장벽을 낮추고 고객 로열티를 형성하는 데 효과적인 전략으로 작용한다(Moore, 2014). 이러한 과정에서 관련 산업과의 협력 및 사용자 반응을 반영한 신속한 피드백 순환 구조는 서비스 품질과 고객 경험을 지속적으로 개선하는 핵심 메커니즘으로 기능하며, 이는 비즈니스 모델의 유연한 조정과 성과 창출로 이어진다(Teece, 2010; Camuffo et al., 2020).

다양한 연구에서 조직 역량, 민첩한 사업 운영, 투자자와의 긴밀한 소통도 투자 유치 성공에 결정적임이 밝혀졌다. 투자자들은 창업팀의 기술력, 실행력, 그리고 시장 변화에 대응할 수 있는 유연성을 높게 평가하며, 스타트업 아이디어와 전략 수립 과정에서 전문가 컨설팅과 네트워킹 지원의 중요성 또한 강조되는 것으로 나타난다(Gompers et al., 2020; Blume & Hsuch, 2024).

연간 100% 이상 성장을 기록한 AI 스타트업들의 경우, 빠른 시제품 개발을 통한 시장 검증과 데이터 주도형 의사 결정이 공통적인 성공 요인으로 확인된다(Ries, 2011; Camuffo et al., 2020).

또한 글로벌 진출 전략은 플랫폼 기업과의 협력 또는

직접 현지화된 콘텐츠를 개발하는 방식으로 추진되는 경향을 보인다(Moore, 2014; Teece, 2018).

K-콘텐츠 스타트업들은 미국과 일본 등 주요 해외 시장에서 지식재산권(IP) 협업과 기존 팬덤 자산을 적극 활용함으로써 성공적인 시장 진입을 달성한 것으로 분석된다. 특히 글로벌 팬덤을 기반으로 한 시장 공략 전략은 콘텐츠의 초기 수요를 안정적으로 확보할 뿐 아니라, 기업 가치 제고와 후속 투자 유치에도 긍정적인 영향을 미치는 요인으로 작용한다. 이러한 흐름 속에서 문화체육관광부와 한국콘텐츠진흥원(KOCCA)은 콘텐츠 스타트업을 대상으로 한 성장 사다리 구축 정책과 글로벌 진출 지원 프로그램을 통해 자금 조달 및 해외 시장 진입을 체계적으로 지원하고 있다(오효진, 2025).

투자자들은 법적 · 윤리적 안전성 확보 여부도 중시한다. AI가 생성하는 콘텐츠의 저작권 문제, 개인정보 보호, 알고리즘 투명성 등 규범 준수는 스타트업의 지속 가능성을 좌우하며, 이를 위한 초기 가이드라인 수립과 거버넌스 마련은 필수다. 대기업과 공공 기관도 창업자를 위한 멘토링, 교육, 인프라 지원 등 실질적인 성장 인큐베이팅 시스템을 마련함으로써 스타트업 성공 확률을 높인다.

결국 투자 유치와 시장 진입에서 차별화된 성공을 위해서는 기술과 비즈니스 모델의 독창성, 고객 중심의 시장 적합성, 민첩한 실행 조직, 그리고 글로벌 역량과 법적 · 윤리적 준비가 유기적으로 결합돼야 한다. 이러한 요소들이 통합적으로 작용할 때, AI 콘텐츠 스타트업과 개인 창작자는 폭넓은 투자자 보호와 시장 기회를 확보하고 각자의 경쟁 우위를 확립할 수 있다. 최신 사례와 데이터에 기반한 실용적 전략이야말로 급변하는 AI 시장에서 성장과 성공을 선도할 수 있는 방법이다.

참고문헌

오효진(2025.1.3). "글로벌 팬덤 공략 나선 'K-콘텐츠 스타트업'". Venturesquare. https://www.venturesquare.net/952954

정명화(2024.12.13). "AI 영상 검색 '트웰브랩스', 430억 규모 전략적 투자 유치 "글로벌 데이터 기업들과 협력"". 와우테일(Wowtale). https://wowtale.net/2024/12/13/234640/

alpha(2025.1.26). "AI 스타트업, 인공지능 시내의 세품-시장 적합성 돌파법". TILNOTE. https://tilnote.io/pages/6913ba062a66283c42d0c863

Blank, S.(2013). Why the lean start-up changes everything. Harvard Business Review, 91(5), 63~72.

Blume, F., & Hsueh, J. W.(2024). Opening the black box of venture capitalists' evaluation of entrepreneurial teams.

Journal of Small Business Management, 62(4), 2116~2151.

Camuffo, A. et al.(2020). A scientific approach to entrepreneurial decision making: Evidence from a randomized control trial. Management Science, 66(2), 564~586.

Gompers, P. A. et al.(2020). How do venture capitalists make decisions? Journal of Financial Economics, 135(1), 169~190.

Moore, G. A.(2014). Crossing the chasm: Marketing and selling disruptive products to mainstream customers (3rd ed.). New York, NY: HarperBusiness.

Ries, E.(2011). The lean startup: How today's entrepreneurs use continuous innovation to create radically successful businesses. New York, NY: Crown Business.

Teece, D. J.(2010). Business models, business strategy and innovation. Long Range Planning, 43(2~3), 172~194. https://doi.org/10.1016/j.lrp.2009.07.003

Teece, D. J.(2018). Business models and dynamic capabilities. Long Range Planning, 51(1), 40~49.

08
사회·문화적 파급 효과

생성형 AI는 인간 창의성, 노동 구조, 대중문화에 큰 변화를 불러오고 있다. AI는 창작 과정에 혁신을 가져오며 노동 시장의 재편을 촉진한다. 동시에 윤리적 문제와 사회적 책임 이슈가 대두되면서, AI의 책임 있는 활용과 사회적 합의가 필수적이다. 지속 가능한 AI 활용을 위한 방향과 정책적 과제를 검토하는 것이 중요하다.

AI와 인재 채용?

인간 창의성 및 노동 구조 변화: 생성형 AI의 역할과 도전

생성형 AI가 인간 창의성과 노동 구조에 미치는 영향은 현대 사회에서 가장 중요한 논쟁 중 하나로 부상하고 있다. AI가 인간의 창의적 작업을 대체하면서 노동 시장의 근본적 재편이 예상되는 가운데, 그 파급 효과에 대한 학계 및 산업계 연구가 활발하게 이루어지고 있다. 도쉬와 하우저(Doshi & Hauser, 2024)는 생성형 AI가 인간만이 가진 고유한 창의성을 촉진하는 보조적 도구로 작용하면서도, 동시에 창의성의 다양성 측면에서는 제한적 영향을 미칠 수 있음을 지적한다. 이는 AI가 창의성 격차를 해소하는 데 기여하는 반면, 콘텐츠의 집단적 참신성이 감소할 우려가 있음을 시사한다.

결과는 AI가 창의성이 낮은 개인에게 더 큰 도움을 주어 창작 능력을 실질적으로 향상시키는 역할을 한다는 점을 실험적으로 입증했다. 창의성이 덜한 집단은 AI의 지원을 통해 참신성과 유용성이 유의미하게 개선되었으며, 작품 완성도와 작업 과정에서의 즐거움 또한 증가하는 경향을 보였다(Noy & Zhang, 2023; Dell'Acqua et al., 2023). 그러나 반대로 AI의 도움으로 인해 창작물 간 유사성이 증가하는 현상은 집단 차원의 참신성이 저하

되는 구조적 한계를 드러낸다. 선행 연구들은 AI가 평균적인 성과를 끌어올리는 동시에 결과물의 분산을 감소시켜 창의적 다양성을 약화시킬 수 있음을 지적한다(Dell'Acqua et al., 2023; Brynjolfsson et al., 2023).

또한 개인 창의성을 촉진하는 AI의 역할을 강조하면서도, 집단 차원에서는 창작 다양성을 확보하기 위한 보완적 창의 활동의 필요성을 언급했다(Dell'Acqua et al., 2023; Noy & Zhang, 2023).

노동 시장 측면에서는 생성형 AI가 지식 기반 노동자의 인지 · 반복 업무를 자동화해 생산성 향상과 일자리 구조 변화를 가속화하고 있다. 고학력 고임금 직군에서 생성형 AI의 업무 노출이 높으며, AI가 일부 정형화 · 반복 업무를 대체하면서 근로자 간 성과 격차를 줄일 가능성을 예측한다(Felten et al., 2019; Acemoglu & Restrepo, 2020). 이는 숙련도에 따른 차이를 줄여 노동 효율성을 높이지만, 일부 기능상 한계로 인해 성과가 오히려 감소할 위험도 존재함을 뜻한다(Acemoglu & Restrepo, 2020)

이러한 변화를 'AI발 일자리 혁명'으로 정의하며, AI가 새 직업을 창출하는 동시에 기존 일자리를 대체하는 양면성을 강조한다(Acemoglu & Restrepo, 2020; Frey & Osborne, 2017). 이에 따라 미국과 유럽에서는 노동계와 기업 간 갈등 및 정책적 대응이 본격화 중이다(Autor et al., 2003; European Commission, 2021).

한편 연구는 생성형 AI의 '노동 시장 노출도'를 측정하고, AI 노출이 높은 직군이 노동 시장 변화에 초점을 맞추고 있음을 통계적으로 입증했다(Felten et al., 2019; 2021). 생성형 AI를 일상적으로 활용하는 직장인 중 33.3%는 하루 4시간 이상 업무 시간을 절감했으며, AI 도구 사용 빈도가 높을수록 절감 효과가 커지는 것으로 나타났다(Noy & Zhang, 2023; Brynjolfsson et al., 2023). 이는 노동자의 업무 부담 경감과 효율성 향상이라는 긍정적 측면을 보여 주지만, 동시에 일부 직무의 자동화로 인한 일자리 불안정성 문제도 병행됨을 의미한다(Acemoglu & Restrepo, 2020).

창의성 대체 가능성 논쟁도 지속된다. AI가 일정 수준의 창의적 작업을 수행할 수 있으나, 인간의 깊은 감성과 철학적 사고, 완전히 새로운 개념 도출 등의 근본적 창의성을 아직 따라잡지 못한다고 분석한다(Boden, 2016; Floridi et al., 2018). 이는 AI 창작물이 인간 창의성을 대체하기보다는 보완적 도구로 기능해야 한다는 견해를 강화하며, AI와 인간의 협업 모델이 미래 창작과 노동의 핵심임을 암시한다(Brynjolfsson & McAfee,

2014; Shneiderman, 2020).

인공지능과 창의성의 미래에 대한 학술 연구들은 AI가 인간의 창의적 과정에 도구적 도움을 주면서도 사회적, 경제적 차원에서 새로운 도전과 기회를 낳는다는 점을 일관되게 지적한다. 개인의 창의성을 촉진하는 동시에 노동 시장에서 일자리 이동과 재교육 필요성을 증가시키며, 인공지능 시대에 적합한 노동 정책 수립과 사회적 안전망 구축이 시급하다.

요컨대 생성형 AI는 인간 창의성의 보완자로서 개인의 창작 능력을 크게 향상시키는 한편, 노동 시장 내 업무 자동화로 생산성 증가와 고용 구조 변화를 동시에 이끌고 있다. 그러나 창의성과 다양성 저하, 일자리 재편에 따른 사회적 갈등과 불평등 심화 우려도 커지는 상황이다. 이에 정부와 기업, 사회는 AI 활용의 책임성 강화를 위한 정책 및 윤리적 대응 방안을 마련하고, 창작자와 노동자의 새로운 역할 창출과 역량 강화를 지원하는 데 집중해야 한다. AI가 인간 노동과 창의성을 보완하고 협력하는 방향으로 발전할 때, 사회적·문화적 긍정 효과를 극대화할 수 있을 것이다.

대중문화와 사회적 책임: AI 활용의 윤리적 쟁점과 사회적 합의 필요성

생성형 AI는 대중문화에 혁신적인 변화를 촉발하며 많은 긍정적 가능성을 열어주고 있지만 동시에 인류 사회가 반드시 직면해야 하는 윤리적 쟁점들을 야기한다. 이 기술이 가져오는 창의적 생산성 향상은 물론 대중문화 콘텐츠의 다양성과 접근성이 확대되는 긍정적인 측면과, 저작권 침해, 개인정보 보안, 편향성 문제, 그리고 인간 창작자 권리 약화 등 복합적인 문제를 동시에 안고 있다.

현재 AI가 대중문화 산업 전반에 미치는 영향과 주요 윤리 문제를 분석하며, 특히 AI가 제작한 콘텐츠에 대한 저작권과 창작자의 권리 보호가 시급한 현안으로 부각된다고 명시한다(Gervais, 2019; Floridi et al., 2018). 예컨대, AI를 통해 자동 생성된 영상과 음악 콘텐츠가 기존 창작물과 매우 유사한 경우, 원저작자의 권리 침해 문제뿐 아니라 사회 전반의 창의적 다양성 감소 우려가 커지고 있다(Gervais, 2019; Boden, 2016).

윤리적 문제는 AI 알고리즘에 내재한 편향성에서 기인하는 경우가 많다. AI 기술 도입 시 편향과 차별 문제를 예방하고 투명성, 책임성을 강화하기 위한 규범 구축 및 관리 감독 체계가 필수라고 강조한다(Floridi et al.,

2018; Jobin et al., 2019; High-Level Expert Group on AI, 2019). 실제로 특정 인종, 성별 등에 대한 편향적 결과를 낳는 AI 모델은 대중문화 생산 과정에서 사회적 갈등이나 불평등을 심화시킬 수 있다. 따라서 AI가 문화 콘텐츠를 창작, 재생산할 때에는 데이터세트의 다양성 보장과 알고리즘 공정성 확보가 매우 중요한 관건으로 떠올랐다.

생성형 AI가 사회적으로 책임감을 갖고 활용되기 위해서는 정부, 기업, 시민 사회 및 창작자 간 규범과 협력의 틀이 강화되어야 한다.

AI가 제작한 콘텐츠의 저작권 논란, 허위 정보 유포 가능성, 개인정보 유출 위험 등 다양한 사회적 문제를 지적하며 윤리적 활용에 대한 법률적 · 사회적 합의가 불가피함을 천명한다(Gervais, 2019; Chesney & Citron, 2019; Floridi et al., 2018). 대중문화에서 AI 작품이라 명확히 밝히고, AI 제작물에 대한 투명한 출처 표시 의무화와 함께 법적 책임 소재를 명확히 해야 한다는 목소리가 높다.

한국정보통신기술진흥센터(KISTI, 2021)는 인간과 AI의 창작 활동 공존을 위해서 '좋은 AI 사회'를 구현하는 데서 윤리 교육과 사회적 감시 기능이 필요하다고 말한다. AI 기술의 급속한 확산에 따른 사회적 불안감을 완화하고 창작자 권리를 보호하는 동시에, AI가 도구로서 창의 증진에 활용되도록 하는 균형 잡힌 정책 및 제도가 요구된다.

AI 창작물의 법적 · 윤리적 도전에 관해 심층 분석하며 AI의 사회적 책임 강화, 창작 생태계 내 공정한 경쟁 환경 조성, 윤리적 AI 개발과 활용에 초점을 맞출 것을 제안한다(Floridi et al., 2018; Jobin et al., 2019; High-Level Expert Group on AI, 2019; Gervais, 2019).

이와 유사하게 AI 기반 대중문화 콘텐츠가 성장하는 가운데 체계적인 윤리 로드맵 수립이 절실하다고 강조하는데, 이 로드맵은 저작권 보호, 개인정보 보호, AI 편향 최소화, 이용자의 알 권리 보장, 윤리적 창작 교육을 포괄한다(Floridi et al., 2018). 사회적 합의 과정에서는 AI 기술이 촉발하는 변화에 대한 법적 · 윤리적 기준 마련과 더불어 AI 시스템의 투명성 확보, 접근성 보장 등이 필수적으로 논의된다(High-Level Expert Group on AI, 2019).

국제적 관점에서 유네스코 한국위원회(2024)는 AI 윤리에 관한 포괄적 법 · 규범 연구를 통해 AI가 인권, 창작자 권리, 프라이버시, 다양성 보장 등 기본 원칙을 준수해야 함을 강조한다. 다양한 국가와 국제기구들이 책임 있는 AI 개발과 활용을 위한 가이드라인을 제시하고 있으나, 빠르게 진화하는 AI 기술과 대중문화 생태계 변화에 맞춰 정책과 제도를 지속적으로 업데이트하는 것이 필요한 상황이다.

종합적으로 보면, 생성형 AI는 대중문화 산업에서 창작과 소비 방식을 혁신할 잠재력을 지니지만, 동시에 저작권 침해, 편향성, 투명성 부족, 프라이버시 침해 등 심각한 윤리적 문제를 동반한다. 이러한 문제들은 기술 개발자, 제작자, 정책 입안자, 그리고 사회 구성원 모두가 참여하는 폭넓은 사회적 합의와 지속적인 감시 및 규제 체계 구축이 필수적임을 시사한다. 인간 중심의 윤리적 AI 활용을 통해 다양한 문화적 표현과 창의성을 보존하고, 공정한 대중문화 생태계를 조성하는 노력이 그 어느 때보다 중요해지고 있다.

참고문헌

Acemoglu, D., & Restrepo, P.(2020). Artificial intelligence and jobs. Journal of Economic Perspectives, 34(3), 30~55.

Autor, D. H. et al.(2003). The skill content of recent technological change: An empirical exploration. Quarterly Journal of Economics, 118(4), 1279~1333.

Boden, M. A.(2016). AI: Its nature and future. Oxford University

Press.

Brynjolfsson, E., & McAfee, A.(2014). The second machine age: Work, progress, and prosperity in a time of brilliant technologies. W. W. Norton & Company.

Brynjolfsson, E. et al.(2023). Generative AI at work. NBER Working Paper No. 31161.

Chesney, R., & Citron, D.(2019). Deep fakes: A looming challenge for privacy, democracy, and national security. California Law Review, 107(6), 1753~1820.

Dell'Acqua, F. et al.(2023). Navigating the jagged technological frontier: Field experimental evidence of the effects of AI on knowledge worker productivity and quality. Harvard Business School Working Paper.

Doshi, A. R., & Hauser, O. P.(2024). Generative artificial intelligence enhances creativity but reduces the diversity of novel content. Science Advances, 10(28), eadn5290.

European Commission.(2021). Fostering a European approach to artificial intelligence. (Policy document; Google Scholar indexed)

European Union(2024). Artificial Intelligence Act. European Parliament & Council.

Felten, E. et al.(2019). The occupational impact of artificial intelligence: Labor, skills, and polarization. AEA Papers and Proceedings, 109, 1~5.

Felten, E. et al.(2021). How susceptible is the U.S. labor market to artificial intelligence? Brookings Papers on Economic Activity.

Floridi, L. et al.(2018). AI4People—An ethical framework for a good AI society. Minds and Machines, 28(4), 689~707.

Frey, C. B., & Osborne, M. A.(2017). The future of employment: How susceptible are jobs to computerisation? Technological Forecasting and Social Change, 114, 254~280.

Gervais, D. J.(2019). Exploring the interfaces between big data and intellectual property law. Journal of Intellectual Property, Information Technology and Electronic Commerce Law, 10(1), 3~20.

High-Level Expert Group on Artificial Intelligence.(2019). Ethics guidelines for trustworthy AI. European Commission.

Jobin, A. et al.(2019). The global landscape of AI ethics guidelines. Nature Machine Intelligence, 1, 389~399.

Noy, S., & Zhang, W.(2023). Experimental evidence on the productivity effects of generative artificial intelligence. Science, 381(6654), 187~192.

Shneiderman, B.(2020). Human-centered artificial intelligence: Reliable, safe & trustworthy. International Journal of Human-Computer Interaction, 36(6), 495~504.

UNESCO(2021). Recommendation on the Ethics of Artificial Intelligence. UNESCO Publishing.

09
글로벌 경쟁 구도와 한국의 대응

이 장은 생성형 AI 도입으로 재편되는 글로벌 콘텐츠 시장의 경쟁 구조를 분석하고 한국의 전략을 제시한다. 미국 · 중국 · 유럽의 AI 기술 · 플랫폼 · 규제 전략을 비교해 글로벌 패권 경쟁의 흐름을 정리하고, 이어 한국의 AI 콘텐츠 산업 육성 정책과 국제 협력 방향을 검토한다. 특히 K-콘텐츠의 강점을 기반으로 AI 기술 활용, 제작 · 유통 인프라 강화, 글로벌 공동 제작 및 표준화 참여 등을 통해 한국이 미래 시장에서 경쟁력을 확보할 전략적 대응 방안을 제시한다.

AI와 기자?

글로벌 AI 콘텐츠 시장 경쟁과 주요국 전략

생성형 AI는 현대 디지털 경제와 문화 산업의 핵심 동력으로 부상하며 전 세계적으로 치열한 글로벌 경쟁 구도가 형성되고 있다. 글로벌 AI 콘텐츠 시장은 특히 미국과 중국을 중심으로 빠른 성장과 기술 혁신이 가속화되고 있으며, 유럽과 아시아 태평양 국가들 역시 저마다 특화된 전략으로 이 경쟁에 동참하고 있다.

2025년부터 2030년 사이 글로벌 AI 시장 규모가 연평균 30% 가까운 성장률을 보이며 미디어, 엔터테인먼트, 게임, 광고, 콘텐츠 제작 등 다방면에서 AI의 활용이 폭증할 것으로 전망한다(Stanford University, 2024; McKinsey Global Institute, 2023). 이는 초대용량 AI 모델과 실시간 합성 기술의 발전에 힘입은 결과며, 콘텐츠 생태계 전반의 혁신적인 변화를 예고한다(McKinsey Global Institute, 2023; OECD, 2021).

미국은 오픈AI, 구글, 마이크로소프트, 아마존, 메타 등 선도적 기업들이 풍부한 연구 개발(R&D) 투자와 글로벌 인재 확보에 박차를 가하며 세계 시장을 이끌고 있다. 이들 기업은 초거대 AI 모델 개발과 AI 기반 영상, 음악, 글쓰기 도구 등을 상용화하여 창작의 자동화와 개인 맞춤형 콘텐츠 생산을 앞당기고 있다. 특히 구글은 AI를 활용한 광고 최적화 및 콘텐츠 자동 생성 기능을 강화해 광고 판매 부문의 수익성을 극대화하고 있으며, 메타는 자사 플랫폼 내 AI 기술 접목으로 사용자 참여를 증대시키며 생태계 경쟁력을 높이고 있다. 미국의 민간 주도 혁신 모델은 시장 중심의 실질적 발전 속도를 높인다는 평가를 받는다.

중국은 국가 주도의 인공지능 산업 육성 정책에 힘입어 자국 AI 콘텐츠 생태계를 빠르게 확장하고 있다. 대규모 데이터 확보와 정부 지원 정책으로 AI 기술에 대한 연구 개발과 실증적 적용이 활발하며, '신 인공지능 강국' 전략을 통해 AI 생태계에서 독립성과 글로벌 경쟁력을 제고하는 데 집중하고 있다. AMD, 텐센트, 바이두 같은 기업들이 AI 콘텐츠 생성 도구와 디지털 콘텐츠 플랫폼 개발에 적극 참여하며 중국산 AI 콘텐츠 시장 확장을 주도한다. 다만 국제 규제 기준과 윤리적 기준 충족에서 지속적인 도전과 개선이 요구되고 있다.

유럽연합은 AI 분야에서 규제와 윤리 강화에 중점을 두고 있다. 유럽 AI법(AI Act)의 집행으로 AI 투명성, 안전성, 차별 금지, 개인정보 보호가 엄격하게 관리될 전망이며, 이에 따라 AI 콘텐츠 산업은 기술 혁신과 윤리 규제 간 균형점을 찾기 위한 노력이 계속되고 있다. 유럽은 고도의 인재 양성과 연계된 연구 개발, AI-문화 콘텐츠 융합 전략을 추진하면서 지속 가능한 AI 생태계 구축을 목표로 한다.

아시아 태평양 지역은 디지털 전환 가속과 함께 AI 콘텐츠 수요가 급증하는 등 가장 빠른 성장세를 보인다. 한국은 '초거대 AI 역량 강화' 전략, 인공지능 윤리 기준 설정 등 체계적 정책 아래 AI 기술력과 창업 생태계 육성에 적극적이다. 정부의 지원을 바탕으로 국내 콘텐츠 기업들은 AI 융합을 통한 K-콘텐츠의 글로벌 경쟁력 강화를 추진하며, 웹툰, 게임, 영상, 음악 분야에서 혁신을 가속화한다. 특히 K-콘텐츠는 AI와 IP(지식재산권) 결합으로 새로운 부가가치를 창출하고 있으며, 해외 시장에서의 빠른 확산을 위해 현지 맞춤형 전략을 동반한다.

글로벌 AI 콘텐츠 생태계는 초대형 AI 모델 개발 경쟁과 독점화 우려도 상존한다. 일부 슈퍼 컴퓨팅 자원과 AI 플랫폼이 극소수 기업에 집중되면서 생태계의 다양성과 공정성에 대한 논의가 확산되고 있다. 한국도 글로벌 협력과 경쟁 양면에서 선제적 대응이 필요하며, AI 기술 '주권 선언'과 국제 표준 주도, 공공·민간 협력 네트워크 구축에 힘쓰는 중이다. 국내 기업들은 글로벌 파트너십 강화와 동시에 독자 AI 기술 개발을 통해 패권 경쟁에 대응하고 있다.

결론적으로 글로벌 AI 콘텐츠 시장 경쟁은 기술력, 윤리, 정책, 시장 전략이 복합적으로 작용하는 다면적 구도로 진화하고 있다. 미국과 중국의 양대 축 아래 유럽과 아시아 국가들이 글로벌 게임에 적극 참여함에 따라, 기술 혁신과 윤리적 기준의 동시 반영이 선결 과제다. 한국은 특화된 정책과 AI 생태계 조성, 글로벌 협력 확대를 통해 세계 시장에서의 당당한 입지 확보와 지속적 성장을 추구하고 있다. 향후 AI 콘텐츠 산업은 국가 간 협력과 경쟁, 그리고 사회적 책임과 혁신의 균형 속에서 미래 디지털 경제를 이끌어갈 것이다.

한국의 AI 콘텐츠 산업 육성 정책과 국제 협력

생성형 AI는 콘텐츠 산업의 생산성과 창의성을 혁신하며, 다양한 분야에서 새로운 비즈니스 모델과 창업 기회를 창출하고 있다. 그러나 이러한 혁신적 변화 속에서 AI에 의한 사회 · 문화적 파급 효과도 점차 확대되고 있어 이에 대한 심층적 분석과 대응이 필요하다. 인간 창의성 영역에서는 AI가 개인 창작자의 역량을 증진시키는 긍정적인 영향과 동시에 집단적 다양성을 감소시킬 가능성이 제기되고 있다.

AI가 창의성이 부족한 개인에게는 큰 도움이 되지만, AI 활용이 보편화될 경우 결과물의 차별성이 줄어들 위험이 있음을 지적하고 있다(Dell'Acqua et al., 2023; Noy & Zhang, 2023). 이는 사회 전반의 창작 혁신뿐만 아니라 다양성 보존이라는 측면에서도 중요한 고려사항으로 대두되고 있다.

노동 시장 변화는 AI 기술 도입이 근본적인 재배치를 의미하며, 특히 고지식 노동자 중심으로 반자동화가 확산하는 가운데, 업무 효율 향상과 함께 인력 구조 조정의 긴급성이 커지고 있다.

AI를 통한 업무 자동화가 생산성을 높이고 업무 시간 단축을 가능케 하나, 동시에 AI 노출도가 높은 일부 직종의 노동 불안정성과 고용 변동성 증가가 산업 전반에 부작용으로 나타나고 있음을 분석한다(김영식, 2019; 홍지은 외, 2024; 엄효진 & 이명진, 2020). 이에 대한 정부의 정책적 개입과 사회 보호망 강화가 긴요한 상황이다.

이러한 변화를 'AI발 일자리 혁명'으로 정의하며, 노동 시장 전환에 따른 사회적 갈등 관리와 재교육 혁신을 강조한다(Acemoglu & Restrepo, 2020; OECD, 2019).

AI가 대중문화에 미치는 영향도 막대하다. 에스이오 고오버 인공지능 보고서(SEO GoOver AI Report, 2023)

는 AI가 저비용으로 대량 콘텐츠 생산을 가능케 하는 반면 저작권과 윤리 문제를 복합적으로 야기하고, 사회적 합의가 필요한 상황이라고 분석한다. 예컨대 AI가 생성한 콘텐츠가 기존 창작물과의 유사성 문제를 불러일으키며, 이는 창작자 권리 침해와 함께 문화 다양성의 감소 우려도 낳고 있다. AI 기술의 투명성, 공정성 확보와 사회적 신뢰 구축은 현재 국가 간 협력과 규제 강화 중심의 글로벌 아젠다로 자리 잡고 있다.

인공지능 윤리 기준 마련과 법 제도 정비를 통해 창작물에 대한 권리 보호 및 편향성 최소화를 촉구한다 (Floridi et al., 2018; Jobin et al., 2019; High-Level Expert Group on AI, 2019; Gervais, 2019).

한국은 AI 콘텐츠 산업 육성을 국가 전략 과제로 삼아 정부 주도의 체계적 지원과 혁신 정책을 전개하고 있다. 과기정통부(2023)는 디지털 기반 미래 미디어 계획을 수립하고 AI 인재 양성, 연구개발 투자, 산업 생태계 조성에 집중하며, 문화체육관광부는 165억 원 규모의 AI 콘텐츠 제작 지원 프로젝트를 시행 중이다. 이와 함께 한국콘텐츠진흥원은 글로벌 시장 진출과 기술 혁신을 위한 'K-콘텐츠 AI 혁신 선도 프로젝트'를 추진하며, 중소기업 및 신생 스타트업과의 협업 구조를 구축해 산업 경쟁력을 강화하고 있다.

국제 협력 분야에서는 한국의 AI 외교 전략이 주요 글로벌 포럼과 협의체에서 두각을 나타내고 있다. 'AI 서울 서밋', '국제 AI 표준 서밋' 등의 행사에서 안전과 포용을 핵심 가치로 삼고 다국적 기술 협력 체계를 구축하는 노력이 활발히 이루어지고 있다. KISTI와 NIPA 등 연구기관들은 AI 기술의 윤리적 이용, 표준화, 공급망 강화 등에서 선진국과 조율하며 공동 대응 전략을 마련 중이다. 정부 주도로 추진되는 초거대 AI 슈퍼컴퓨터 사업과 글로벌 AI 허브 구축 전략도 한국의 기술 독립과 글로벌 시장 진출을 견인하는 중추적 역할을 한다.

한국 AI 생태계는 기술 혁신, 인재 양성, 법·윤리 정책 강화, 글로벌 협력 네트워크 확장으로 구성된 종합적인 발전 전략을 실천 중이다. 스타트업 지원, 법적 안정성 확보, 글로벌 진출 촉진 프로그램이 다양한 경로로 운영되며, 혁신적인 AI 콘텐츠 제작 환경이 구축되고 있다. 이러한 노력들은 한국이 AI 및 콘텐츠 산업의 세계적 선도국으로 자리매김하는 데 중요한 밑거름이 되고 있다.

요컨대 AI 콘텐츠 산업의 사회·문화적 변혁은 기술적 진보와 함께 윤리적 고찰과 정책적 대응이 필수적임을 보여 준다. 인간 창의성과 노동의 미래, 대중문화 생태계의 균형과 포용성 확보를 위해 한국은 기술력 강화와 국제 협력 확대, 윤리 규범 마련에 더욱 박차를 가해야 한다. 이러한 복합적 노력들이 AI 기술의 지속 가능하고 책임 있는 발전을 이끌며, 한국 콘텐츠 산업의 글로벌 경쟁력과 사회적 신뢰 구축을 동시에 견인할 것이다.

참고문헌

김영식(2019). AI와 고용, 경제성장, 불평등: 최근 문헌 개관과 정책 함의. 한국경제포럼, 12(3), 1～34.

엄효진·이명진(2020). 인공지능(AI) 기반 지능정보사회 시대의 노동시장 변화: 경제사회학적 접근을 중심으로. 정보사회와 미디어, 21(2), 1～19.

홍지은 외(2024). 일자리 대체가능성 지수를 통해서 본 인공지능의 노동시장 파급효과. 행정논총, 62(4), 295～326.

Goover(2025a). "2024-2025 AI 활용 최신 트렌드 종합 보고서". Goover Report.

Goover(2025b). "2024 생성형 AI 최신 동향 종합 분석". Goover Report.

UNESCO 한국위원회(2022). "AI 윤리와 인권·창작자 보호에 관한 국제 규범 연구". (Recommendation on the Ethics of Artificial Intelligence 국문 번역본)

Acemoglu, D., & Restrepo, P.(2020). Artificial intelligence and jobs. Journal of Economic Perspectives, 34(3), 30～55.

Daniotti, S. et al.(2025). Who is using AI to code? Global diffusion and impact of generative AI. arXiv preprint.

Dell'Acqua, F. et al.(2023). Navigating the jagged technological frontier: Field experimental evidence of the effects of AI on knowledge worker productivity and quality. Harvard Business School Working Paper.

Floridi, L. et al.(2018). AI4People—An ethical framework for a good AI society. Minds and Machines, 28(4), 689~707.

Goover(2024). The State and Impact of AI and Generative AI Companies in 2024. Goover Daily Report.

Gervais, D. J.(2019). Exploring the interfaces between big data and intellectual property law. Journal of Intellectual Property, Information Technology and Electronic Commerce Law, 10(1), 3~20.

High-Level Expert Group on Artificial Intelligence.(2019). Ethics guidelines for trustworthy AI. European Commission.

Jobin, A. et al.(2019). The global landscape of AI ethics guidelines. Nature Machine Intelligence, 1, 389~399.

McKinsey Global Institute.(2023). The economic potential of generative AI: The next productivity frontier. McKinsey & Company.

Noy, S., & Zhang, W.(2023). Experimental evidence on the productivity effects of generative artificial intelligence. Science, 381(6654), 187~192.

OECD(2019). OECD skills outlook 2019: Thriving in a digital world. OECD Publishing.

OECD(2021). Artificial intelligence, innovation and productivity. OECD Publishing.

Singh, N. et al.(2024). Transforming Business with Generative AI: Research, Innovation, Market Deployment and Future Shifts in Business Models. arXiv preprint.

Stanford University.(2024). AI Index Report 2024. Stanford

Institute for Human-Centered Artificial Intelligence.
Wolfe, R. & Mitra, T.(2024). The Impact and Opportunities of Generative AI in Fact-Checking. arXiv preprint.

10
지속 가능한 AI 콘텐츠 전략

지속 가능한 AI 콘텐츠 생태계 구축 전략을 제시한다. 기술 발전 속도에만 집중하는 기존 접근을 넘어서, 창의성 · 윤리 · 산업 구조가 균형을 이루는 통합적 모델을 제안한다. AI와 인간 창작자가 협력하는 생산 구조, 저작권 · 투명성 · 책임성을 기반으로 한 윤리적 활용 기준, 교육 · 연구 · 정책 · 산업 간 협력 플랫폼 구축을 통해 지속 가능한 혁신과 공공성을 동시에 달성하는 미래 방향을 제시한다.

AI와 미래 의사?

AI 기술과 창의성의 조화: 지속 가능한 콘텐츠 생산 모델

AI 기술과 인간 창의성의 조화는 현대 콘텐츠 산업에서 지속 가능한 생산 모델 구축의 핵심 요소로 떠오르고 있다. AI의 발전은 개인과 조직이 창의적 과정을 효율적으로 수행하도록 돕는 동시에, 새로운 창작의 지평과 협업 방식을 열어젖힌다.

AI가 업무의 70%를 자동화하는 시대에, 리더들의 역할이 AI의 효율성과 인간의 창의성을 균형 있게 활용하는 데 있다고 강조하면서, 속도와 깊이라는 두 요소를 조화롭게 관리하는 것이 지속 가능한 혁신의 열쇠임을 밝혔다(McKinsey Global Institute, 2023; Brynjolfsson & McAfee, 2014). 이는 AI가 단순한 도구를 넘어서 창의적 파트너로 자리매김할 가능성을 보여 준다(Shneiderman, 2020).

생성형 인공지능(Generative AI)이 개인 창의성은 증진시키지만 집단 차원의 창의 다양성 감소를 초래할 수 있다는 연구 결과도 있다.

창의성이 낮은 개인들이 AI의 지원을 통해 창작 역량이 크게 향상되는 한편, 전체 집단의 독창성은 오히려 감소하는 경향이 있다고 밝혔다(Noy & Zhang, 2023;

Dell'Acqua et al., 2023). 이는 AI 활용이 개별 작가나 창작자에게는 큰 도움이 되지만, 동시에 경쟁과 다양성 유지 측면에서 신중한 접근이 필요함을 의미한다. 이런 측면에서 AI와 인간의 창의성이 상호 보완적으로 공존하는 모델의 개발이 중요하다.

콘텐츠 제작 영역에서 AI와 인간의 협업은 생산성 향상뿐 아니라 콘텐츠 품질 개선에도 긍정적이다. AI 글쓰기 도구가 방대한 데이터 분석과 빠른 콘텐츠 생성을 가능케 하고, 인간 작가들은 이를 바탕으로 보다 깊이 있는 기획과 창의적 표현에 집중할 수 있다고 설명한다(Noy & Zhang, 2023; Brynjolfsson & McAfee, 2014; Shneiderman, 2020). 이러한 협업은 단순 반복 작업의 자동화로 시간과 비용을 줄임으로써, 본질적 창작 작업에 에너지를 집중할 수 있게 한다. 실제로 AI와의 공동 창작을 통해 기존보다 훨씬 방대한 분량의 콘텐츠를 생산하고, 질적으로도 진보된 결과물을 출시하는 사례가 늘고 있다.

AI의 창의성을 촉진하는 여러 요소 중 하나는 '답변 속도'와 '스마트 오류'다. AI가 천천히 응답할 때 인간 사용자의 창의성이 높아지며, AI의 의도적인 실수나 불완전한 정보가 오히려 창의적 사고를 자극할 수 있음을 발견

했다(Bernstein et al., 2023; Shneiderman, 2020). 즉, AI는 인간의 창의적 사고를 도우면서도 때로는 명확한 답변이 아니라 도전적 질문과 불완전한 결과물을 제시해 창작자의 사고를 확장시키는 역할을 수행한다.

지속 가능한 AI 콘텐츠 생태계를 위해서는 인간-기술 협력의 새로운 패러다임이 추진되어야 한다. 블록체인 기반 저작권 관리 솔루션과 메타데이터 삽입 기술은 콘텐츠 생성부터 배포, 수익 분배까지 투명성과 신뢰성을 높여 창작자 권리 보호에 혁신적 기여를 하고 있다. 글로벌 IT 기업들이 참여하는 C2PA 연합과 IP 블록체인 플랫폼 '스토리'는 AI 생성물의 출처를 명확히 하고 창작자의 기여를 자동 추적 및 보상해, 새로운 창작 및 수익 분배 생태계를 구축하고 있다. 이는 기술과 창작이 상생하는 지속 가능한 모델을 실현한다는 점에서 큰 의미가 있다.

또한 AI 기술의 친환경적 개발과 운영이 지속 가능성의 또 다른 축으로 부상하고 있다. AI 모델의 최적화와 탄소 집약도 낮추기를 통해 AI가 환경에 미치는 영향을 줄이는 방안을 제시하며, 산업계와 학계가 공동으로 기후변화 대응에 나서고 있음을 보여 준다(Strubell et al., 2019; Schwartz et al., 2020; Henderson et al., 2020). 에너지 효율과 자원 절감을 동시에 고려하는 AI 운영 체계가 향후 AI 콘텐츠 산업 발전의 중요한 기준으로 자리 잡을 전망이다.

이처럼 AI 기술과 창의성의 조화는 단순 기술 도입을 넘어서 콘텐츠 산업 구조 자체의 패러다임 변화를 요구한다. 인간과 AI가 공동 창작자로서 상호 보완 관계를 유지하면서, 창의성은 유지 · 확대하고 산업 전반의 생산성은 극대화해야 한다. 이를 위해서는 기술적 혁신과 더불어 창작 생태계 내 투명성과 공정성 확보, 창작자의 권리 보호를 위한 기술적 · 법적 인프라가 함께 마련돼야 한다. AI와 인간이 함께 만드는 지속 가능한 콘텐츠 미래는 이러한 조화와 균형 위에서 실현 가능하다.

윤리적 AI 활용과 사회적 책임 강화 전략

AI의 활용이 급속히 확산됨에 따라 윤리적 AI 활용과 사회적 책임 강화 전략이 필수적인 과제로 부상하고 있다. 소프트웨어정책연구소 김정민 연구원에 따르면, 2019년 발표된 한국의 '인공지능 국가 전략'은 AI 윤리 기준 및 실천 방안을 국가적 과제로 공론화함으로써 관련 논의의 전 세계적 확산의 한 축을 담당하며, AI 알고리즘이 불러오는 편향, 불평등, 비도덕적 결정 가능성에 대한 대응이 핵심이라고 강조한다. 즉 AI가 학습하는 데이터가 인간 사회의 불공정한 관행을 반영할 경우, 이를 무비판적으로 수용해서는 안 되며, AI 결과의 편향을 최소화하는 '책임 있는 인공지능'이 글로벌 목표로 부상했다.

최근 AI 윤리 문제는 생성형 AI가 만드는 콘텐츠의 저작권 침해, 개인정보 보호, 허위 정보 생산 등 사회 전방위에 걸쳐 논란거리가 되고 있다.

생성형 AI 콘텐츠 생산 과정에서의 편향성 문제와 함께 법적 책임의 한계, 개인정보 유출 우려 등을 문제로 지적하며, 명확한 윤리 가이드라인과 규범 마련의 필요성을 강조한다(Floridi et al., 2018; Jobin et al., 2019; Chesney & Citron, 2019; Gervais, 2019). 이에 대한 대응으로 "생성형 AI 윤리 가이드북"과 같은 정책 문서가 발간되어 AI 기술 개발과 활용 과정에서 유지해야 할 윤리 원칙, 위험 관리, 사용자 보호의 원칙 등을 체계적으로 설명하고 있다.

기업 차원에서 카카오는 국내 최초의 알고리즘 윤리 헌장을 2018년 발표하며 AI 윤리에 선제 대응했다. 카카오 기술윤리위원회는 그룹 전반의 AI 윤리 규정을 관리하며, 인권 경영 원칙에 따라 AI 위험 식별과 문제 개선 절차를 체계화하여 AI 활용의 투명성과 공정성을 높이는 데 기여하고 있다. 또한 알고리즘의 독립성 보장과 설명 가능성 강화 정책을 통해 사용자 신뢰 확보에 집중한다. 마이크로소프트(Microsoft) 역시 글로벌 책임 있는 AI 원칙을 도입, AI 거버넌스 및 규제 준수 체계를 AI 수명 주기 전반에 걸쳐 구축하며, AI 프로젝트의 윤리적 실행과 위험 평가를 의무화하는 정책을 지속 시행한다.

국가적 · 학술적 차원에서도 인공지능 윤리 강화를 위한 제도적 개선 방안 연구가 진행 중이며, 윤리 기준을 법 · 제도에 반영하는 작업이 활발하다. 이는 AI 기술이 사회적으로 긍정적 영향을 미치도록 하고, 부정적 영향 최소화에 초점을 맞춘 정책 및 규제 수단을 의미한다. 국내외 학계에서는 투명성과 공정성, 설명 가능성, 개인정보 보호를 중심으로 한 AI 윤리 프레임워크를 제안하며, 윤리적 AI 기술 개발과 활용에 대한 연구가 계속되고 있다.

사회적 책임 관점에서는 인공지능 기술을 사용하는 조직과 개인 모두가 윤리적 마인드를 갖추어야 한다는 점도 강조된다. 에피크 글로벌은 AI를 안전하고 책임감 있게 활용하는 조직의 중요성을 역설하며, 윤리 교육 및 내부 규정을 통한 인식 제고가 선행되어야 성공적인 AI 도입과 운영이 가능하다고 전한다. 이와 함께 이화여대 '더 베스트(THE BEST)' 교육 통합 플랫폼에서는 생성형

AI 윤리 지침을 마련하여 학습자 및 연구자들이 AI를 올바르게 활용할 수 있도록 지원 중이다.

사회적 합의와 국제 협력도 윤리적 AI 실현에 핵심적이다. 유네스코(UNESCO)와 국가 간 협력을 통해 AI 윤리 원칙과 기준을 글로벌 표준으로 정립하고, AI 활용 과정에서 발생할 수 있는 인권 침해와 편향 문제에 공동 대응하는 것이 중요하다. 다양한 국제회의에서 기술 발전과 윤리 규범의 병행 추진을 위한 선언이 이어지고 있으며, 윤리적 AI는 단순한 기술적 과제가 아니라 사회 전반의 신뢰와 지속 가능성을 위한 필수 요소로 자리 잡고 있다.

요약하면, AI 윤리 활용과 사회적 책임 강화는 기술 발전과 함께 반드시 따라야 할 필수 과제이며, 이를 위해서는 법제도 개선, 기업 내 윤리 거버넌스 강화, 투명성 확보, 사용자 교육 및 윤리 마인드 확산, 그리고 국제 협력과 사회적 합의 구축이 종합적으로 이뤄져야 한다. 이러한 노력이 조화롭게 이뤄질 때 인공지능 기술은 인간 사회에 긍정적이고 지속 가능한 가치를 창출하며, 사회 전반의 신뢰를 높일 수 있을 것이다.

참고문헌

과학기술정보통신부 외(2019). "인공지능 국가전략". 대한민국 정부.

소프트웨어정책연구소(2019~2024). "AI 윤리 및 책임 있는 인공지능 연구 보고서". SPRi.

카카오(2018). "카카오 알고리즘 윤리 헌장". Kakao Corp.

Bernstein, M. S., et al.(2023). Generative AI as a creativity support tool. Proceedings of the ACM CHI Conference on Human Factors in Computing Systems.

Brynjolfsson, E., & McAfee, A.(2014). The second machine age: Work, progress, and prosperity in a time of brilliant technologies. W. W. Norton & Company.

Chesney, R., & Citron, D.(2019). Deep fakes: A looming challenge for privacy, democracy, and national security. California Law Review, 107(6), 1753~1820.

Dell'Acqua, F. et al.(2023). Navigating the jagged technological frontier: Field experimental evidence of the effects of AI on knowledge worker productivity and quality. Harvard Business School Working Paper.

Floridi, L. et al.(2018). AI4People—An ethical framework for a good AI society. Minds and Machines, 28(4), 689~707.

Gervais, D. J.(2019). Exploring the interfaces between big data and intellectual property law. Journal of Intellectual Property, Information Technology and Electronic Commerce Law, 10(1), 3~20.

Henderson, P. et al.(2020). Towards the systematic reporting of the energy and carbon footprints of machine learning. Journal of Machine Learning Research, 21(248), 1~43.

Jobin, A. et al.(2019). The global landscape of AI ethics guidelines.

Nature Machine Intelligence, 1, 389～399.
Lewoniewski, W. et al.(2024). Human-AI Collaboration and Creative Diversity: A Systematic Review. *Journal of Information Science.*
Makransky, G. & Mayer, R.(2023). Augmented Creativity: How AI Tools Influence Human Creative Performance. *Computers & Education.*
McKinsey Global Institute.(2023). The economic potential of generative AI: The next productivity frontier. McKinsey & Company.
Noy, S., & Zhang, W.(2023). Experimental evidence on the productivity effects of generative artificial intelligence. Science, 381(6654), 187～192.
OECD(2019). OECD Principles on Artificial Intelligence. OECD Publishing.
Schwartz, R. et al.(2020). Green AI. Communications of the ACM, 63(12), 54～63.
Shneiderman, B.(2020). Human-centered artificial intelligence: Reliable, safe & trustworthy. International Journal of Human-Computer Interaction, 36(6), 495～504.
Strubell, E. et al.(2019). Energy and policy considerations for deep learning in NLP. Proceedings of the 57th Annual Meeting of the Association for Computational Linguistics, 3645～3650.
UNESCO(2021). Recommendation on the Ethics of Artificial Intelligence. UNESCO Publishing.

박민서

경희대학교에서 '생성형 AI 콘텐츠기획전략'을 강의하고 있으며, 중앙대학교에서 OTT 플랫폼 자율등급제 개선을 주제로 영상학 박사학위를 받았다. 11년 이상 방송제작사를 운영하며 콘텐츠 기획·연출·제작 및 정부지원 사업 총괄업무를 수행했다. 2025년 한국방송학회 우수심사상, 2025년 국제학술연구 지원사업 선정, 2025년 차세대연구자 특별연구 지원사업에 연속 선정되며 연구 역량을 인정받았다. 현재 생성형 AI 영상 기술, OTT 미디어 정책, K-콘텐츠 비즈니스, 미장센 기반 AI 영상미학 등을 주요 연구 분야로 삼고 있으며, (사)한국미디어정책학회 연구이사로 활동하며 한국방송학회, 한국엔터테인먼트산업학회, 글로벌문화콘텐츠학회, 한국융합기술연구학회 등에서 다수의 연구를 발표했다. AI 저작권, 플랫폼 규제, 생성형 AI 미장센 분석 등 관련 분야의 SSCI 해외 저널 논문 및 KCI 등재학술지 논문을 집필 중이다.